AF599757

ENTRE PINOS Y OLIVARES

ANTONIO GONZÁLEZ

Aliarediciones

Corrección: Eladia Guerrero
Diseño de cubierta: Mónica Morales
Maquetación: Aliar Ediciones

Depósito Legal: 979-13-87823-87-0
ISBN: GR 1383-2025

Impreso en España

Edita
ALIAR Ediciones
www.aliarediciones.es
info@aliarediciones.es

ENTRE PINOS Y OLIVARES

ANTONIO GONZÁLEZ

A MI AMIGO

En tan poco tiempo,
en tan corto espacio,
vi a un tío seco,
un tanto escuálido,

carácter excéntrico,
silenciosamente ruidoso
y bastante estrambótico.
Charlatán de aventuras
con ganas de cruzar los mares.

Un Quijote de los de Cervantes,
su nariz picuda y harapos grises
apuntando al suelo
pero mirando al frente.

Su ciencia de conquistador de ilusos,
de flautista de Hamelín de ratas pardas,
con esa rara habilidad que pocos tienen,
me llamó la atención y me puso a pensar.

¿Quién es este tipo?
Que conmigo bebe,
que conmigo canta y salta,
sí, es él, mi amigo.

SENSACIONES

Llegará el ocaso a la política
y los hombres y las mujeres
empezarán a conocerse unos a otros.

A PABLO GÓMEZ

Por las brisas de Jabalcuz
que descuelga la nieve del pinar
se oye un murmullo,
¿ha pasado?, ¿lo has visto?

Por la cresta va,
por el aire vuela,
y en el infinito se aleja
un hombre que la tierra
vértigos le da.

ÁNGEL O DEMONIO

Eres la inquietud personificada,
un junco en la ribera del arroyo,
el brisar del viento que no cesa,
no invitas al sosiego ni a la paz.

Sin embargo, te siento y te padezco,
el brillo de tu mirada me enoja
y a la misma vez me eleva y fascina,
¿no serás tú premio o castigo?

Eres fuerte, aunque no lo parezcas,
a veces débil, sin llegar a serlo,
tu esbeltez en el juncal
se hace requiebro y tu sonrisa todo lo conmueve,

todo lo inundas y lo fascinas,
ya ves, eres quien eres,
¡ángel o demonio!, ¡demonio o ángel!,
añoro verte saltar y volar,

gavilán que surca los cielos,
delfín que bate los mares,
prométeme que serás libre,
prométeme tu verdad y honestidad,

y si no puede ser no pasa nada,
sé fiel contigo mismo y los demás,
que si no gustas del todo
sueña que no todo es realidad.

JUNTO AL TAJO

Aquella sombría tarde de invierno
las sandalias de un trotamundos
aguardan pacientes
en el viejo andén ferroviario,
aún hay tiempo, todavía es pronto.

Salgo cabizbajo de la estación,
en el horizonte atisbo los palacios,
junto al viejo portón, nacen pistas forestales
bajo una sombría hilera de olmos y sauces,

empiezo este largo deambular, al atardecer
el sol cansado de alumbrar se aleja,
las hojas secas del suelo crujen y se retuercen,
aquella naturaleza alberga un armónico desorden.

Toda una extensa policromía de marrones
ambienta el espacioso lugar,
miro al fondo, la belleza todo lo inunda
hacia un lado, hacia el otro.

Esta cabeza no para, esta cabeza no cesa,
opto por visitar aquella fuente,
elegante, como ella sola,
en el centro, un busto de mujer,

y sobre sus caderas, dos cántaros descansan,
chorrean agua, sonido y armonía,
¡cuán bella es, cuán arrogante posa!,
todos los ojos van en la misma dirección.

Cerca de su aura, cerca de su salpicar,
y yo a su vera, pero qué lejos,
tengo ánimo, y por qué no, mucha ilusión,
tanta curiosidad ha despertado mi cansancio,

a veinte pasos, la siento próxima,
todo el entorno es esplendoroso,
todo el entorno es especial,
el *oh* se duplica y su eco todo lo invade.

No puede ser tanta belleza,
el agua y la escultura fundidos,
formando la dualidad perfecta,
un continuo fluir mojado todo lo inunda.

Pero tengo que partir, una vez más,
esta realidad transitoria me recuerda
que llegó el momento de la oscuridad
y decir adiós a tan fastuoso boreal.

YA NO TENGO PÁJAROS

Quizás os suene raro tanta euforia
o que la ventura ha llamado a mi puerta
entre tan dichoso despertar, llegó el día,
ahora sí puedo decir que mi palacio no apesta.

Ya llega el viernes, ¡coge el cepillo;
busca la fregona; busca la lejía de los chinos;
no se te ocurra gastar la de la lavadora,
que es espesa y huele a bosque y a pino!

No te equivoques de cubo,
utiliza la fregona vieja,
que tiene pocas tiras de algodón
y está negra, como los hierros de la reja.

¿Vas a ver los pájaros?, me pregunta mi esposa,
¿No has visto cómo está el suelo?
Lleno de cáscaras de mijo, negrillo, alpiste,
también hay marcas digitales, de mi zapato negro,

parece un cuarenta y uno, la suela está pasada,
el piso se resbala, cuidado con la silla,
el pico de la ventana te amenaza,
la puerta no se abre, jodida traicionera.

Del final de la terraza, una tortura amenaza,
¡ponte al teléfono, Iglesias te llama!
¡Dile que en mal momento, otros quehaceres me reclaman!
Si no empiezo a limpiar ahora, no termino hasta mañana.

Empiezo por la jaula de arriba, la del amarillo nevado,
ese que tanto promete y que nunca me da nada,
maldito condenado, yo aquí como un esclavo,
y tú detrás de la canaria para no criar nada.

Sigo y persigo, otra batea, otro comedero,
otro bebedero, el polvo en suspensión
me provoca picor, por dentro de la nariz,
cómo salir del trance, con las manos ocupadas,

agarrando el jaulón, sosteniendo la espátula,
y como un equilibrista moviendo el fregón.
El estornudo llegó, aaachuffff, y la luz se apagó,
¿oh, qué veo verde, en el pernil de mi pantalón?

La cintura no responde, no es de bailar,
tampoco es por andar ni saltar,
no he ido a nadar, tampoco he parado en el bar,
no he subido a correr por el Neveral.

Sí, es lo que pensáis, ¡es por limpiar!,
maravilloso mundo, ser ornitólogo,
criar bichos, qué maravilla de *hobby*,
verificar su sexo, comprobar su celo,

mírale el culo, lo tiene pa dentro o pa fuera, ¿está pa criar?,
ir al cole, asistir a Ciencias Naturales
para terminar en esto, con lo que me atraen
las gulas, las gambas, el calamar a la parrilla.

Mi padre inteligente, ¡no quiero ver un pájaro!,
pero yo, revolucionario, anarquista y respondón
lo contrario ideé, ¡yo voy a ser pajarero!,
cueste lo que cueste, aunque salga el sol por el hueco del
ascensor.

Estoy harto, ya no puedo más,
no quiero premios, ni honores, ni distinciones,
ni viajes, ni anillas, ni patadas en las espinillas,
los regalos a un paisano, para que no dé de mano,

así que portaos bien, de una puñetera vez
dejadme en buen lugar, si no,
el destino os lo hará pagar,
sin alpiste, sin hembras y sin lugar donde cagar.

Pues como dice la canción, TODO TIENE SU FIN,
vuelvo a ser libre, ya puedo ver la tele, ¡oh,
y si me apuras, hasta puede caer algún libro!,
leer a los clásicos, Aristóteles y Platón.

Bajar a los infiernos de la mano de Dante,
ascender a los cielos y volar con Marco Polo,

escudriñar como el arcipreste en el *Libro del buen amor*,
hacer de Sancho, saludar al Manco de Lepanto,

D. Miguel, usted sí supo manejar el tiempo,
tengo que leer a Shakespeare, todo el mundo lo conoce,
ahora sí, el tiempo no ha de pasar,
Hamlet, *El rey Leal* o *Romeo y Julieta.*

La vida es sueño, oaaaah, qué razón
tiene el cura Calderón,
dicen que Quevedo es un cachondo,
y los pijos que es un pasón.

¿Escribo versos?, aún pronto es,
ni sabes de rimas, ni sonetos, ni estrofas,
solo sé las cuatro reglas y poco más,
ya un maestro a mi padre le avisó,

¡este nene no sirve para estudiar!,
buena noticia no es, ¿cómo puede ser?,
si siempre se excusa, que los deberes ha de hacer,
no haga Vd. caso, que le ha salido pájaro de mal volar.

Esposa, madre, padre, hijos, ¡ya no tengo pájaros!,
todos asienten y dudan, valoran y desconfían,
y al unísono creo que murmuran,
siempre tu testa ha estado, está y estará

llena de pájaros, llena de vuelos,
infestada de nuevos aires, será complicado
que, a estas alturas, y con estos cielos,
siempre estés atado y aplicado.

Vienen tiempos para la onírica,
¿qué hago con tanto alpiste, panizo, negrillo y perilla?,
¿y el Tabernil Total para la muda?,
¿y el complejo b que era para el celo?,

¡tengo que gastarlo!,
me volveré granívoro, dejaré el jamón,
con el Tabernil Total, mudaré como un camaleón,
y con el complejo b, viagra no necesitaré.

Me volveré pájaro, me saldrán alas,
las plumas esta calva taparán,
me iré al parque, me comeré los gusanitos del suelo,
los restos de bollicao, las gominolas y hasta chicles,

y quién sabe, puede que alguna pipa (vegetal) que abierta
esté,
qué feliz, saltar y volar,
qué bonito, cantar y chulear,
que a mí nadie me va a vacilar.

Y apareció la voz de ultratumba, la de una mujer,
¡despierta!, ¡abre los ojos, y tíralo todo!,

este cajón, esa bolsa, aquella caja,
todo a la basura, no quiero moscas ni palomicas.

Solo quiero paz y tranquilidad, dice ella,
ya no hay pájaros de jaulas, cierto es,
pero menudo gorrión a mi lado está,
y yo respondo ¡aquí está el que te pía!,

¡aquí está el que te adora y añora!,
¡eres mi árbol, lleno de frutos y hojas!,
y ella me dice con suma dulzura
¡corta el rollo, gorrión!, ¡y baja toda la basura al contenedor!

MALTRATO

No sé qué habrás hecho,
no sé lo que te ha pasado,
no sé lo que habrás sufrido,
ni tampoco si has amado.

No sé por qué te fuiste,
no sé cómo viajaste,
no sé en qué puerto embarcaste,
tampoco por qué huiste.

Pero sí sé que aquí no te quieren,
también sé que no te admiten,
evidente es que te repudian,
es seguro que no te comprenden.

Todo me asusta y preocupa,
la desidia de este nuevo mundo,
con la tristeza de sus gentes,
pretenden que tu hambre persista.

Tu sed de libertad en sus mentes no cabe,
el brillo de tus ojos claros les deslumbra,
aquí no eres bienvenido y tu presencia enoja,
el ébano de tu piel les incomoda.

Los de aquí tienen padres e hijos,
techos, camas y viandas que administrar,
manifiestan sus incapacidades para razonar
y su egoísmo no alcanza final.

Sus matones de uniforme y guardianes de valores
van tras tus pasos por las plazas.
Te detienen y te golpean, como perros salvajes,
tu trabajo para ellos es un delito.
¡Vender una flor!

Quiero comprarte tu ilusión, pídeme lo que quieras.
Te considero del país de los hombres
y del universo estelar de las ilusiones.
Esta mente divaga y se pregunta:

¿Por qué el hombre persigue al hombre?

UNA NOCHE DE AMOR

Fue necesario otro atardecer,
una tarde más de sombras,
por el bosque se hace vislumbrar que ya está aquí,
otra incipiente novedad se despierta.

Atisbo los primeros luceros por el este,
la ausencia diurna duerme lánguida,
el sol ya no alumbra el pastizal,
y la noche llegó para con nosotros quedarse.

Un coro de pequeños ojos observan, se cruzan y amenazan,
nubes de insectos activos
alertan y rodean las masas geométricas naturales.
Cuando todos duermen, otra multitud despierta,

y la noche los ilumina,
la alegría se perpetúa en las sombras.
Este hogar nocturno me da la vida,
el laberinto de constelaciones abre paso a esta hermosa luz.

Ha llegado para quedarse y escenificarse.
¡Apáguese la sala, levántese el telón!
Porque de forma inminente va a dar comienzo
una nueva NOCHE DE AMOR.

EL NEVERAL

Errante subiendo, por el Neveral voy
tras los pretéritos pasos anónimos,
definiendo los trazos de este largo caminar
entre piedras ocres, sueltas y desincrustadas,

que ya no están en su espacio ni lugar,
pero el rastro no me aleja ni distrae,
ni distingo si voy por la ruta correcta,
el polvo en suspensión acusa mi cansancio.

Estas dudas siempre me acompañan,
me obsesionan y ruborizan,
me aletargan y anestesian,
por eso un «basta, no puedo» es insuficiente.

Este carril ascendente, baja y llanea
sobre la herida de los pasos cansados,
se hace difícil y tortuoso continuar
pero no desisto, no puedo abandonar.

He de seguir y no cesar en mi anhelo,
la insistencia es una parte de mí,
y en esta sequía de placer yazgo yo,
inmerso en la magia del deseo.

Envuelto entre polvaredas y cenizas
que se adentran en estos cansados ojos,
un continuo parpadeo, revelan inseguridades
que para bien o para mal siempre conmigo van.

A JOSÉ MARÍA LOPERA

Aún no lo conozco
pero presiento sentimientos,
presiento suavidad y nostalgia,
adivino cariño a las raíces,

reconozco una mente activa
de sueños interminables,
de voces que no son capaces de callar.
Todo para un amigo

que aún desconozco,
para un paisano de verso brillar.

VOLVER A EMPEZAR

¿Qué es lo que buscas y no encuentras?
Llevas tiempo, posiblemente toda la vida
autointerrogándote para posiblemente
inculparte de un fiasco no provocado.

La congoja de una rutina incomprensible
te inunda de dudas y profundas reflexiones.
¿Es tu vida un trapecio tambaleándose
que te espanta o conduce al éxito?

No me mires a mí y obsérvate,
una nueva vuelta en tu circuito,
no trotes tan rápido, el cansancio llega pronto,
sin darte cuenta estás en el mismo sitio.

No has avanzado nada, todo sigue impertérrito,
sientes augurios de progreso y desarrollo,
esperas que todo lo añorado esté por llegar,
lo vivido hasta ahora no es suficiente.

¿Ilusiones? Algunas han sido satisfechas,
aquel primer amor de tanto gozo,
y que tango quiso ese parsimonioso corazón,
peregrinaciones, aventuras, cruzando ríos y dehesas,

encuentros con transparentes manantiales
aparecen todos en tu joven vida,
tus aventuras, tus esperanzas, tus saltos al vacío,
siguen ahí, ¿para qué acuñar la tristeza o la alegría?

Si todo es un todo, un nada no es nada,
no insistas, ni te pongas pesado,
en tu reincidente búsqueda
sabes que algo va a ocurrir,

muy misterioso, interrogante y lleno de intriga,
pero sabes que solo es otro día más,
y una hoja menos de tu calendario,
que marchita cae, en el suelo del bosque.

En este anhelo de intelecto maduro
y sin darte cuenta tu tiempo ya no es,
tus experiencias no han llegado
y nada en tu mundo se ha precipitado.

Aquí yaces de nuevo,
porque de aquí siempre partiste,
has volado en este satélite de quimeras,
y al oeste otro atardecer
que tras de sí despierta otro raso amanecer.

DEDÍCATE A LA POESÍA

Ahí estaba como diosa en su cielo
con su corte y porte aristócrata
mandando mensajes en clave abierta,
instigando órdenes por cumplir.

¡Tú, hombre fuerte y obediente, embarca!
¡Coge agua y alimentos y empuña tu arma!
¡Invade mundos y dame poder!
¡Somete a pueblos y ahoga sus costumbres!

¡Tú! Sí, tú, el triste, el misterioso, el pacífico,
cuida tu imagen, cuida tu periferia,
dicen de ti que eres un librepensador,
dicen de ti que vuela tu imaginación.

Que no vales nada,
que no peleas por nada,
que no temes a nada,
que no aspiras a nada.

Tú que eres un insurrecto,
que no soportas la tiranía,
que no avasallas ni humillas,
tú y tu mente vuelan libres.

A este poder no interesas ni fascinas,
en este sistema no tienes ni sitio ni lugar,
aquí tu verso se diluye en la realidad,
rechaza nuevos aires e ilusiones.

No hagas caso a quienes
socarronamente decían y repetían,
alentaban la burla por tus sienes
esbozando «DEDÍCATE A LA POESÍA».

PUNTO DE LUZ, PUNTO DE ENCUENTRO

En esta calurosa noche
la llamada nocturna
intermitentemente misteriosa
de un búho avisa y reclama su territorio en el pinar.

En el centro del hábitat ocre
reside un artesanal farol
que sostiene en su monumental trono
a la reina de la noche.

Un enorme coro de insectos alados
merodean y se arremolinan
cual fiesta de cumpleaños
ante luz que cautiva e hipnotiza.

Alas agitadoras de brisas imperceptibles,
es un festín, no hay alimento,
no hay agua, solo el profundo grillar
de esta dulce noche.

¡Arremolínense todos,
esta noche es distinta,
pequeños y medianos insectos alados,
estamos ante otra noche de luz!

¡Vuelven, llegan, se posan y se van,
subén y bajan, todos a bailar
este maravilloso vals
alrededor de su vida!

Alrededor de su luz.

ANTISISTEMA

Un individuo pésimo visualiza,
recibe instrucciones esquematizadas,
realizadas y maquilladas con edulcorante
para una correcta digestión de estómagos maltrechos,

ansiosos de utopías esperanzadoras,
deficitarios de libertad y sueños,
rastreo constante de vientos libertarios
del hombre que aspira a ser hombre.

Pero un poliédrico espacio de aristas
antepone moneda y poder,
egoísmos de élites insatisfechas
que no ocultan su excelencia enfermiza y trasnochada.

Un sistema que mimetiza, que ahoga
y minimiza a lo enigmático,
que sistematiza lo antisistematizado
y volatiza las esperanzas comunes de las gentes.

Sistema enfermizamente sistemático,
represivamente absurdo y asquerosamente odiado,
tras de sí deja un rastro de calaveras
que emergen sistemáticamente del sistema.

Sistema que bautiza la máxima condena,
llamándola pena capital.
Es por ello que sistemáticamente
no enarbolaré ni insignias ni banderas
que sistematicen el sistema.

PUERTO ALTO

Sabía de ti,
te sentía en la lejanía,
auspiciabas una incógnita de interrogantes,
me observabas desde lo más alto.

Controlabas mis movimientos,
merodeabas mis insensatos caminos,
mis dudas y quimeras,
y yo ajeno a todo.

Olvidando unas raíces,
ajeno a un pasado de penurias y sufrimientos,
pero he vuelto, estoy aquí,
recuerdos de un infante
que desde la sima observaba

un mundo novedoso y desconocido,
desde esta ataguía
se abre un valle de olivos,
esas colinas secas e infinitas
que han sabido adaptarse,

crecer y reponerse,
que no hay terrón en el suelo
ni rama de almendro, ni hoja de laurel
que enmiende este asfixiante padecer.

Todos ansían este dulce anochecer,
el requiebro de un arroyo serpenteante
se desliza oculto en su vergüenza
por un barranco de cambroneras y briznas secas.

Esperando con paciencia a que julio se aleje,
en este sopor de tristeza, penuria y soledad.
Aquí en los más Alto de este Puerto
están la luna y las estrellas.

Aquí están el universo y sus planetas,
aquí está el verso,
aquí están los poetas.

SE FUE CON LA BLANCA DOBLE

Ni hablamos ni nos vimos,
con tu caminar no hubo encuentro,
nos faltó una barra para hablar
o una vieja mesa de dominó,

y con un seis doble cerrar,
dilucidar si treses o blancas
jugándome un cubata
con el uno doble y cerrarte a doses,

tengo todas las fichas
y a ti te faltó jugada,
¡anda, ponte un DYC con cola!
que esta noche bebo solo.

Dame fuego, que el último cubata
me supo a poco,
que con Dylan y su *Huracán* de fondo
me acuerdo de Mariquilla.

Está triste y con ojos llorosos,
en su melancolía busca al que se fue
con la blanca doble para no volver,
¡y qué putada de jugada!

Se fue la blanca doble
y aquí no se juega más.

PALABRAS SIN RETORNO

A veces despliego palabras
impregnadas de sentires y manifiestos,
convencidas de no ser mudas
ansían ser escuchadas.

Esperando quizás ser aclamadas,
y posiblemente hasta valoradas,
que busquen oídos donde penetrar
y mentes donde descansar.

Que alimenten la razón
que ilusionen con pasión,
que generen diálogo,
que luchen y batallen a la incomprensión.

Quiero que mi palabra te afecte
y si quieres me respondes,
o también que me contradigas y te reveles
y que este diálogo no tenga final.

Quiero que me sientas y padezcas
y tu curiosidad se afecte e irrite.
Háblame de tus cosas y las mías.
Interrógame, pregúntame, cuéntame tus dudas.

Mis palabras sin respuestas
no valen ni son nada
y huérfanas quedan
sin lugar a donde ir.

Que todo cuanto digo,
que todo cuanto siento
sea camino de ida y vuelta
y no se diluyan en el viento

ni mueran en la oscuridad del olvido,
no las dejes escapar,
porque no tiene donde ir
esta palabra náufraga en soledad.

FIESTAS PATRONALES

Qué algarabía en este pueblo,
qué rabia la que se padece,
qué algarabía de risas y cachondeo
entre tanto padecer y sufrir

de festividad y liturgia religiosa,
de luchas por salir adelante,
de patronos y costaleros,
entre vinos, cervezas y cubatas.

Con ausencias de techos donde dormir
entre curas, alcaldes y concejales,
de mujeres, hombres y niños que no tienen qué comer,
de vírgenes y santos ostentosos.

De futuros inciertos de escuelas y magisterios,
pero la fiesta se perpetúa e idolatra
lanzando al cielo bengalas y cohetes,
y cuando termine volver a empezar.

Y volver a soñar con los dientes clavados,
y a esperar el pregón de la próxima fiesta,
y ser cautivos de insolidarios y mangantes,
y el patrón manda a todos a cantar y bailar.

REFUGIADOS

Esta es mi arma,
este es mi mensaje,
creéis que soy agresivo y pendenciero
pero no es así.

Esta agresión va contra ti,
que amas y sientes,
que compartes sueños inalcanzables,
que abres tu alma a la solidaridad.

Te envío mi arma de destrucción masiva
llena de paz y libertad,
de razonamientos y coherencias,
envuelta de polen de versos y sueños.

¡Arriba mi ramo de flores silvestres,
tomillo y azahar!
Quiero verlo volar
e invadir de olores las mentes ocultas.

Que quiero ver tus ojos brillar,
que este destello de luz
inunde de vida y esperanza,
para ti, mis lazos de bienvenida.

Y para quienes te atropellan
mi pesar e incomprensión,
decirles que estoy aquí
y que aquí voy a estar.

PEREGRINOS DE LA PAZ

¿Acaso los vientos del pueblo no vuelan?
¿Acaso los cielos tienen fronteras?
¿Acaso las estrellas tienen nombre?
¿Acaso el sol no reparte su luz por el universo?

Si todo es para todos
las alegrías y las penas
las penurias y los gozos
las venturas y las tristezas.

Comparte cuanto puedas
despréndete de corsés y ataduras
me ofrezco a los que vienen
empujados por la guerra
y peregrinos de la paz.

PERDIDO ENTRE RECUERDOS

Me siento vagabundo
en mi mundo de recuerdos,
bajo una tenue luz
a través de mis dilatadas pupilas.

Elaborando sin descanso
sueños de ojos rotos
entre rumbos de silencios
dificultados por mil imágenes

que convergen y se diluyen
sin dejar rastro
tan solo un largo haz de luz
que se pierde en el espacio.

Y espero por esperar
otro sueño valedor
que aclare tanta oscuridad
en mi navegar.

Encontrarme con el pasado
y recomponer este presente
que se esfuerza por volver
adonde ya no estoy.

Una avalancha de notas musicales
hilan recuerdos que no encuentro
y vagan como fantasmas
danzando alrededor de utopías.

Recuerdos de un transeúnte sin destino
en un primer día de otoño
que cabizbajo camina
sin saber la senda
sin conocer el final.

EL ABRAZO – LA DESPEDIDA

Nunca pensé que llegaría la hora,
los segundos arañando celosamente tu presencia,
despojándonos de caricias
y apoderándose de nuestros besos.

Pero hay tanto tiempo para amar,
sentir que el deseo no cesa,
que son risas empapadas de recuerdos
del primer beso,

de aquel momento
mil veces comentado y nunca olvidado,
de aquella tarde de cine,
del monumental concierto,

de aquella blusa alba
de difíciles botones
donde naufragaban mis torpes dedos
perdidos en búsquedas oníricas.

Los dos entroncados en recuerdos
que viajan sin saber
en los misterios del amor
en esta despedida inminente.

Absortos en recurrentes y dulces miradas
como peces de colores
inmersos en un gigante coral
que los bambolea dulcemente

de un lado a otro
en una eterna fluidez
como dos adolescentes
ausentes de todo cuanto les rodea.

Parados en el andén de los gozos
y examinándonos de arriba abajo
en una historia de pasión y desenfreno
que fluye de los poros de la piel

de dos almas hastiadas
de disputas sin sentido
en esas tardes tristes
y noches sin amanecer.

Pronto has de marchar,
el zumbido grave del viejo tren
nos invita a la despedida
y una nueva tensión se apodera.

¿Para cuándo tu vuelta?
¿Para cuándo el encuentro?
Hasta entonces me dejaré soñar
embaucado por tus suaves caricias.

Y hasta tanto quedo
vacío en una triste soledad,
para ello va este beso
y para ti mi abrazo final.

ASAMBLEARIAS

¿Qué ha pasado?
¿Por qué ese arremolinar?
¿A qué vienen esos murmullos?
¿A qué vienen esos puños cerrados?

Hoy no toca callar,
hoy la gente quiere hablar,
quiere expresar su disgusto,
quiere manifestar su pesar.

¡Nos quieren volver a engañar!,
grita airado el joven de atrás,
¡nos roban lo nuestro!,
¡nos insultan y nos humillan!

¿Es verdad cuanto dice?,
gira su cabeza la señora de edad,
las caras inundadas de enfados
auguran malos presagios.

El joven del bigote escucha,
los dos novios dudan abstraídos,
la viuda con el nieto lamenta ausencias,
y las tres universitarias gritan un ¡basta ya!

La maestra asiente preocupada,
el hombre del perro dice no estar,
la mujer rubia adormece a su niño,
el gato negro merodea el lugar.

Aquí en esta fresca tarde
entre pinos, laureles y acebuches
corren vientos de lucha y libertad,
las gentes en asamblea deciden su caminar.

ROJOS LABIOS

Cuán alta y escultural amazona de rojos labios,
desplazando suavemente transparencias de pasarela,
motivando destellos boreales del infinitivo horizonte,
consiguiendo endulzar este inútil corazón de hojalata.

Un tropel de arterias bulliciosas de tráficos incesantes,
de deseos que desobedecen esta mente muerta,
activando anhelos oníricos de fuerza y pasión,
¡cuál placer llegar y acariciar tu suave piel!

Estar cerca y chocar con tu púrpura carnosa
causando un caótico derrumbe entre besos y caricias
para perdernos en recónditos espacios siderales,
explorar tu cintura haciendo un milimétrico rodeo,

para encontrarme contigo y morir entre tus trazos,
inmersos en un clímax de gozos infinitos
y estruendos jadeantes sin final, para estallar
y culminar los sueños de una dulce eternidad.

Y no quiero despertar de este éxtasis
hasta ver tus pechos temblar,
en un mar de gritos de sirena,
y hacer de tus largas piernas la velas de mi navegar.

SOLAMENTE

¿Estás solo?
No te apures
¿Estás sola?
No entristezcas

¿Estás solo?
No dudes
¿Estás sola?
No padezcas

¿Estás solo?
No abandones
¿Estás sola?

La luna está sola,
el sol esta solo,
el río está solo,
los sueños están solos.

La libertad está sola,
la ilusión vuela sola,
y la poesía encumbra la soledad.

TORBELLINO EN LA TORMENTA

¿Quién dijo que te tendrían callada?
¿Quién dijo que fueras remanso de paz?
¿Quién dijo que criaras y nada más?
¿Quién dijo que obedecieras sin rechistar?

¡Seguro que un voraz mentiroso!,
excluyente taciturno sin ética ni moral,
ausente de sueños de libertad,
fanático de injusticias colectivas.

Ese amante imperfecto y amigo de egoísmos,
valedor de barras nocturnas,
de manos ásperas que no te supo acariciar,
que no supo cuidar tus esperanzas.

Aprendiz que nunca albergó conocimiento,
oyente sordo de voces de cariño
y ausente de bondades compartidas,
solo un fantoche con pistola sin munición.

Pero tú, golondrina ligera y elegante,
no dejes que nadie corte tus largas alas,
que acarician la suavidad del viento
hasta fundirse entre las transparencias nebulosas.

¡Vuela alto hasta el infinito libertario!
Y deja tras de ti una estela disidente,
que nadie profane tu corazón
y vuelvas a ser torbellino en la tormenta.

SIN RUMBO

Jamás sabré lo que necesitas,
nunca supe entenderte ni comprenderte,
adivinar tus aspiraciones de futuro,
imaginar este presente de dudas,

fue un constante rastreo
para encontrarme con nada
y llegar a duras penas buscando tu amor
cuando tú ya te habías ido.

Me siento náufrago, de nuestro fiasco,
y me llegan las preguntas sin respuesta
y las dudas se apoderan de todo cuanto me rodea,
y aquí estoy, sumido en un tambaleo incontrolado.

No sé dónde estoy ni a dónde voy,
mi mente se encuentra a la deriva
y los vientos dominan mis intenciones
hacia aquí, hacia allí.

Fuertes nubarrones en el horizonte
me incapacitan para ver con claridad,
todo se ha vuelto oscuro y tenebroso
y me restriego los ojos una y mil veces,

y lo más que consigo es inundarme de lágrimas
que, brotando sin cesar, se deslizan por mis carrillos
generando un manantial de pesadumbre
calando en lo más profundo de esta alma.

Un incesante dolor de insatisfacciones
se apodera de un corazón que ha dejado de latir
y de una sangre sin circulación, va a trompicones
sin saber de dónde viene ni a dónde ir.

Pero tu idilio me precipitó al vacío irreal
del amante que amó sin vacilación
y del buscador de sueños pueriles
que deambula angustiado y tembloroso

por los abismos del amor.

ELECCIONES

¿Qué pasará mañana?
¿Qué pasará pasado mañana?
¿Qué pasará la semana que viene?
¿Qué pasará?
Quizás no pase nada.

Todo alrededor de un quizás,
la certeza de un quizás,
el quizás de una certeza,
que aún está por llegar.

MI AMIGO, EL PAN

Mi amor por la comida
nunca lo he ocultado,
mi deseo de buenas viandas
aderezadas con tomillo y orégano.

Carnes rojas, carnes blancas
inundadas de salsas picantosas,
en olla clásica o exprés,
a procesos rápidos para no alargar la espera.

La impaciencia a veces me hace recurrir
a la parrilla, al horno, al microondas,
fritas en compañía de ajo y perejil,
incluso acompañadas de algún aliño exótico.

¡Pero alto!,
frena en seco.
¡Con Pan!,
para mojar, para morder,
duro o blando, ¡qué más da!

¡Si no hay pan no como!

La morcilla sin pan,
el chorizo sin pan,
el jamón sin pan,

un pincho sin pan,
ni vienen ni van.

No me llames ni me busques,
porque si no hay pan me estanco,
porque si no hay pan no me arranco,
pon pan, aunque sea poco, pero ponlo.

¡A ver, vosotros!
¿Conocéis algún bocadillo sin pan?
¿Algún sándwich sin pan?
¿Algunas migas sin pan?

En bíblicos pasajes ya se menciona,
el pan protagonizó milagros,
presente estuvo en la santa cena,
en los cuadros de Goya y Leonardo.

Pues sí, Vd. camarero, que se ríe,
¡ponga un vino con queso,
un chorreón de aceite,
pero con un buen pan!
Solo ante el espejo

Y el espejo estaba ahí,
todo el mundo lo mira,
todos lo añoran y lo buscan,
hay quien le hace preguntas y suspira,

también quien le susurra en el silencio:
Mírame cómo voy,
este pantalón, aquella falda, esta camisa,
el color hace conjunto
y el conjunto color.

Pero ahí está él, inerte e impasible,
irreflexivo y absorto ante tanta consulta,
como mucho, algún ligero movimiento
cuando la levedad de un paño

acaricia la superficie neutra,
tan solo un pequeño quejido
ante la presión de su higiene
es lo único que noto de su presencia.

Así nos engañamos todos,
ante algo que no nos padece,
ante algo que nada observa ni transmite,
ante una confianza absurdamente ciega,

en nada y por nada,
y voy por la calle caminando,
y solo veo espejos andantes,
a los que miro y no me observan,

a los que me dirijo y no me sienten,
que no les afecta mi presencia,

que no notan mi ausencia,
y un *hasta nunca* sin respuesta.

Y para qué preguntar al espejo,
si el tiempo deambula sin respuestas
todo se evapora y se disipa
entre la ilusión y el espejismo.

2015 Y 2016

Y llegas
como un sueño,
y te vas
como una pesadilla,

y hasta tanto
paciente
en esta vigía
aguardo

a que la tempestad pase.

ENTRE TUS REDES

En despedidas donde nadie se va,
en días de felicidades de puro trámite,
en días de abrazos donde nadie se abraza,
en días de besos que no encuentran piel para besar.

Y las palabras divagan por las redes,
de un sitio a otro, votando de muro en muro,
como un frontón del futuro, en un presente frío y
desangelado,
provocando sentimientos dudosos e insatisfechos.

Vagamos por una estela sin estrellas,
donde el aliento no existe,
y un *te quiero* es palabra maldita
y un *me gusta* triunfa en boca de todos.

Si no percibo tu vaho en mi cara,
tu mensaje se queda en poco
y tu intento se queda solo en eso, en intento,
no quiero acostumbrarme a esta red.

No me resigno a rendirme a signos e iconos
de gentes sin conversación
que vagan y claman por un universo
que no percibe, ni vive, ni estremece.

Y aquí estoy,
ante un teclado que me ofrece su hombro,
sirviendo de apoyo a mi debilidad,
ofreciéndome su pañuelo,
para que mis las lágrimas no se divorcien de los besos.

Tu palabra sin sentimiento no es palabra,
necesita sonoridad, agudez y gravidez,
y así emerger y mezclarse con el aire,
para volar y llegar a tus oídos.

Quiero que mi red sean tus brazos,
tu biografía sea nuestra historia,
el grupo seamos tú y yo,
y tú el evento principal.

EL OLIVO QUE QUISO SER PALMERA

Palmera, haces que me sienta pequeño,
en este pedregal terruño y seco,
donde nací entre cardos y amapolas,
extiendo mis ramas para tocarte,

pero tan solo alcanzo tu sombra,
quiero, pero no puedo emularte,
siempre fuiste la preferida del hombre,
larguirucha, presumida y orgullosa.

A ti nunca te dieron un palo,
nunca fuiste ira de su vibradora,
a ti nadie te perfumó con insecticida.
¡Pija datilera de uñas largas!

¡Orgullosa palmera de dulce balanceo
que al cielo se eleva
para tocar el sol y acariciar la luna!
¿No ves aquí abajo a este humilde olivo?

Que ansía ser grande y esbelto,
que aguanta fríos y heladas,
que soporta odios de latifundista,
pintores me plasman en sus lienzos,
igual que al toro en la plaza.

Y vienen a mí con el invierno,
aventureros sin destino para sobrevivir,
a la sombra de un mísero jornal
para que un olivarero les hurte su alma y dignidad.

Nadie se encadenó a mis pies,
echo de menos las lágrimas de un ecologista,
también las visitas guiadas de excursionistas,
las fotos de japoneses con sus Nikon.

Solo disfruto siendo abrigo y casa
de mirlos, verdecillos, jilgueros y pinzones,
haciendo que estas ramas flexibles y resistentes
sirvan de columpio y escondite.

Y cultivo la danza del vientre
que tú, palmera, de esbelta figura,
haces con tanto gracejo y dulzura,
que con este gordo tronco
y mi denso follaje nunca gracia conseguiré.

No existió inventor, ni químico ni alquimista,
que con algún riego novedoso
o injerto especial hiciese brotar
aceitunas de dulce paladar

con sabor a pistacho, nata o vainilla,
y las de sabor anchoa, pero sin anchoas,
aceitunas para Fin de Año y sus campanadas,
para cumpleaños y aniversarios.

Pero aquí sigo, callado, rodeado de tallos,
de hormigas, avispas y grillos; mis compañeros.
Pero me callo, por ahí viene mi dueño,
el que se queda con mi subvención,

el que amputa mis ramas,
el que quema mis hojas y masacra mis ramas,
transformándolas en celulosa,
para terminar llevándolas a tu culo.

Tiempo atrás filósofos y psicólogos
Preconizaban, escribían, insistían y decían
¡que por mucho que quiera
un olivo nunca puede ser palmera!

LUCÍA EL DÍA

Este vagabundo aventurero
que trastea plazas y callejas,
que deambula entre portalones oscuros
y visita hogares sin hogar
con ventanas sin cortinas.

Que no pide por pedir,
pero sueña solo con la soledad
porque no tiene lugar donde dormir
y lo rodean gentes de maldad.

Sumido en esta isla sin asuetos,
en ocios que llevo en el olvido,
como teclas robadas al piano
dejando un solemne y silencioso ruido.

Por qué nadie recuerda mi nombre
ni el tiempo que ando perdido,
por qué nadie recuerda a quien amé,
por qué nadie supo nada de mí.

¡Sentí mi alma al descubierto
saltar en mil pedazos!
Cultivé ansias de tragedia y horror
y me clavé lanzas con espinas candentes!

¡Cabalgué un dragón a caballo
que irrumpió en mi vida sin piedad
depositando en el camino obstáculos infranqueables
que mi mente no supo driblar!

Quedando en un tenebroso vacío,
donde las sombras deambulan con terror,
conduciéndome por abismos inciertos
y alejándome de todo cuanto amaba.

En noches sin luna camino,
hacia búsquedas de venturas,
tras un laberinto de iras contenidas
que ensartan este tortuoso presente.

Y recuerdo con lágrimas mi pasado y su alegría
cuando lo portaba entre mis brazos
y acariciaba su suave piel
con sus besos y los míos;
siempre, siempre contigo, Lucía.

HOY NO ES EL DÍA DE LOS ENAMORADOS

Días como hoy,
ando como un funambulista,
vagando tristezas por senderos oscuros,
por el pinar soplan gruñidos vientos

que se filtran entre troncos y ramajes,
el sendero se hace duro y embarrado,
veredas lagartean mi penuria en el ascenso,
pero cuando culmino

nunca hay nadie,
las ausencias me traicionan,
el presente me calcina
y la lluvia me obsesiona.

Sigo adelante al abrigo de un ramaje,
y me paro y te escribo,
me quejo de todo
y me alegro de nada,

y no veo a mi ardilla,
ni me encuentro al mastín,
los corderos se esconden,
solo un carbonero me sigue,

entre la maleza y sus briznas,
se oculta y aparece,
silba y se eleva,
pero el temporal no cesa,

la lluvia arrecia,
y este móvil se inmoviliza,
y me vuelvo al punto de partida,
para escribir esta letrilla,

en un día de invierno
que no es como ayer,
pero, al fin y al cabo,
es otro pasaje sin retorno.

TRÁGICO

Noté que algo podría pasar,
sentí momentos de amarga tristeza,
hasta mí llegó el dolor desbordándome,
como a un náufrago en plena tempestad.

El oscuro horizonte presagiaba
un amasijo de incertidumbres,
entres desvelos y nocturnas pesadillas,
agobiado como un suicida al borde del acantilado.

Incierto y recortadas mis alas
para ir a un encuentro con nadie
tragándome mis venturosos sueños
con impúdica y amarga saliva.

Me agarro a una bocanada de optimismo
y giro con brusquedad mi cabeza,
y aprieto mis dedos de uñas enrojecidas
para sujetar la tabla de salvación

que impacientemente espero, y nunca llega.
Grito, y me desgarro por dentro
para hacer detonar las tumefactas venas,
causando una explosión de silencios malditos.

Atrás quedo, porque no quiero
que me busquen, entre las ripios y escombros,
ni ser parte de la catastrófica ceniza,
para solo deambular en la senda del recuerdo.

LA CUMBRE DE JABALCUZ

¡Qué cerca te veo!
¡Qué cerca te escucho!
¡Qué cerca te siento!
Te busco y te anhelo,

te llamo y no contestas,
te veo blanca, con tu gran bata de cola,
elegante, enorme y monstruosa,
veo el diluir de tus lágrimas,

laderas serpenteando tu falda,
a ti, gran señora de las nieves,
arropada por una corte de pinares,
vigilada por intrépidas torcaces voladoras.

Pero llegar a ti nunca fue tarea fácil,
para susurrarte al oído,
para besar tu mano.
Este humilde guerrero penó y lucho,

combatió contra los elementos,
repelió abandonos y desidias,
a lomos de mi caballo de hierro,
negruzco pero fuerte,

rocinante valiente y aventurero,
conduciéndome hasta tu trono,
para arrodillarme y amarte
y decirte que en mis sueños te llevo.

No cejaré hasta tenerte,
¡mi bella dama, mi gran señora!
¡Su alteza la reina de la Sierra Sur!
¡Su majestad, la imponente cumbre de Jabalcuz!

SUEÑO REAL

No sé
cómo empezar,
cómo lo cojo.
¿Por dónde?
¿Qué le digo?
¿De qué forma?
Me está mirando,

no sé
si haciéndome preguntas
encontraré
alguna respuesta,
pero solo puedo decir,
solo puedo pensar,

¡que es una maravilla!

PIEL DE MELOCOTÓN

Dedicado a mi nieto Iker.

Flujo de ternura por el horizonte asoma,
murmullos de rebelión irrumpen a bordo
despertando los sueños dormidos
para dar su bienvenida al éxtasis nocturno.

Incertidumbres y dudas se disipan
ante mensajes de momentos cruciales
que revelan nuevos augurios eufóricos
en un valle de estelas multicolor.

Y caminaré cerca de ti,
observaré tus dulces quejidos,
acariciaré tu piel de algodón,
el arcado de tus cejas.

La melosidad de tus claros ojos,
la lentitud de tu pestañeo,
será el apunte de mis notas
con prólogo, pero sin final.

Tus rosados labios invitan al beso,
al abrazo más tierno en el tiempo,
ya que nunca podré olvidar
y por siempre irá en mi equipaje.

En tus sueños, te observo,
en tus sueños, te acaricio,
en tus sueños, me transformo,
en tus sueños, me someto.

Y cuando el silencio cesa
la conformidad también,
la protesta y la ira irrumpen
y unas manos cerradas esconden

la elegancia del arte que no existe,
la fuerza incontenida de un desvarío,
la sutileza de unos largos dedos de pianista
para entonar deliciosas partituras.

¡Y qué hermosa belleza!
¡Y qué erguir tan elegante!
¡Y qué ermitaño ha calado en este viejo corazón!
¡Y qué hervidero de sueños hechos realidad!

Entre bostezos de sueños y despertares
estás en un lecho de ilusiones y fantasías blancas,
de quien tú eres titular y primera plana,
en un diario que se acaba de editar.

DIARIO DE UN EPILÉPTICO

Enmiendo una y otra vez
para estar conmigo
y volar junto a ti,
aunque para ello

siga la carretera de la ausencia
bajo una ira de truenos
y fuegos de ultratumba
que chispean con violencia.

Los aliados de Vulcano
escupen lavas del interior
que se deslizan con tristeza
formando caóticas formas

con arrugados pliegues de dolor,
he quedado como un equilibrista en el fracaso
que preso de sentimientos en blanco
ha caído en una fría neutralidad.

Olvidando recuerdos sin rigor
que cruzan una y otra vez
por los confines del infierno
en un presente agotador.

Donde todo son angustias
y el dolor encuentra cobijo
entre funestas penurias
de este maltrecho cuerpo.

Que tras la violenta tempestad
me ha dejado en un letargo de dudas
preso y maniatado de voluntad
y exhausto de sueños irreconciliables.

Los restos del naufragio son espumas
que arrastradas por el oleaje
han quedado flotando
junto a la orilla del mar.

ELIXIR DE JUVENTUD

Y al atardecer llegan los recuerdos
de felicidades mojadas de añoranzas,
de pasiones impregnadas de melancolías,
acuden cargadas de pasión y desenfreno.

El son de una guitarra
y la fuerza joven de una voz enrocada
hacen estallar los suspiros
y la noche jaenera se desgarra.

Las luces serranas evocan los vientos
del primer día
de aquel feliz pasaje
de amores y encuentros.

Y los ritmos llevan al placer,
encienden un presente
de melodías llenas de vida,
que recuerdan a la chica de ayer.

Me encuentro con Carolina y su esbeltez
para que me trate bien,
y salto y grito con Fito
antes de que cuente diez.

Y nada importa la reputación
si me encuentro a Miguel
para citarme con santa Lucía
y terminar enamorado de la moda juvenil.

Y de Nivenia, directo al edén
entre chipirón y chipirón,
porque esta noche algo me dice
que voy a pasármelo bien.

¿QUÉ ES EL AMOR?

Una vez más
me debato entre quimeras
de dudas y preguntas,
entre fuegos y rescoldos.

Y tú me preguntas:

¿El amor es solo añorarte?
¡Nooo!
¿El amor es solo llamarte?
¡Nooo!

¿El amor es solo buscarte?
¡Nooo!
¿El amor es solo tenerte?
¡Nooo!

¿El amor es solo acariciarte?
¡Nooo!
¿El amor es solo besarte?
¡Nooo!

¿El amor es solo follar?
¡Nooo!
¿El amor es solo subir al altar?
¡Nooo!

¿El amor es solo decir quererte?
¡Nooo!

El amor es todo.
El amor son sueños.
El amor es la noche y el día.
El amor eres tú, y nada más.

EL ABRAZO – EL ENCUENTRO

No dejo de contar los días,
pero las horas no pasan,
el calendario se olvidó de mí,
sus ligeras hojas blancas

se convirtieron en losas de mármol
frías e intangibles,
pesadas sobre una espalda agotada
y unos brazos que buscan solo amor.

Pasos que deambulan de aquí a allá
por vericuetos pasillos del metro
repletos de gentes solitarias
de cabezas gachas.

Todo en un manantial de ruidos
de oídos sordos,
de estruendos y tímpanos estériles,
de conversaciones auriculares,

donde nadie se mira a la cara,
tan solo la guitarra de un guiri
cantando un *blues*
hace girar algunas cabezas.

Al unísono, como una cadena de montaje
colocando multitud de prisas y esperas.
Seres humanos, ausentes de humanidad
de un sistema que obvia a las personas.

Y me diluyo por Preciados
en mi caminar errante hacia Argüelles
huyendo entre las penumbras de la soledad
que me persiguen por la noche y el día.

La densidad marrón
del aire que no siento
de malos olores que nadie percibe
escapando del enrejado que piso

se elevan como fantasmas
atrapando mis nostalgias
con envoltura de celofán
que no me deja llegar a ti.

¡Qué lejos estás!
Pero qué cerca te siento,
hoy como ayer, y mañana como pasado,
tu candidez me persigue.

Y te asomas y te escondes
con la timidez de una ardilla,
con la dulzura de un mirlo,
en las solanas por la Dehesa de la Villa.

Y mi refugio de enamorados,
también hogar de olvidados,
quedó atrás, el zumbido del tren
me despierta y tras la ventanilla

te encuentro al final del andén
y corro y vuelo a tu encuentro
para fundirnos en un abrazo soñado,
con el que converger ahora y siempre.

UNA CHICA COMO TÚ

Entre mis dudas nocturnas
y pesadillas sin fin
que emanan de un profundo pozo
repican ecos de mi amor por ella.

Sin quererlo y a contraluz, allí estaba
rodeada de humo y celosías,
de gemidos y miradas sin destino
entre bebedores nocturnos.

Nunca sola, con su banda de doncellas,
alabada por las gentes de su mundo,
rodeada por corteses donjuanes,
como pintores tras su musa-modelo.

Sonrisas se apoderan de aquel antro
chispeando destellos que nunca queman.
Giros y contoneos, como juncos en la tormenta
de una música honda y sin fin.

Guitarra, batería, piano y bajo
cautivan y desordenan el orden,
y todo se transforma, bajo la luna
donde nadie habla de amor.

En este *pub* nocturno,
todos tienen problemas de identidad,
el greñas se toca la melena,
la rubia quiere ser morena.

Los saltos no cesan,
los conversos a gritos
beben y fuman, todo lo magrean,
hasta el culo del cubata.

Y en todo este rompeolas festivo
del que forma parte mi lascivia,
acudo a una orgía de delirios y placeres
encadenando a todos sin piedad.

Juro por mi destino no volver
y olvidar su porte esquivo
para no ser cóctel de sus huesos
ni de su rojo carmín pasional.

Y al final de la barra, maniatado de deseos
en mi taburete, con otra copa, como ayer,
con la misma promesa incumplida
para no soñar con una chica con quien beber.

MOSCAS

Hola, me preguntaréis qué hago aquí,
eso digo yo, qué hago aquí,
hoy no quisiera ser vuestra mosca,
tampoco quisiera ser vuestro mosquito.

Si dirigís empresas, tiendas, bares,
sois cantantes, psicólogos, artistas o poetas,
si aspiráis a ganar las elecciones
y queréis publicidad;

¡contratadlas!
Y, además,
aceptamos mosca
como animal de compañía.

Moscas, incomprendidos seres alados,
a veces se paran en lo mejor,
quizás en un dulce de nata,
otras veces eligen el hedor.

¿Tienen gusto?
¡Esos bichos insaciables!
parecen hambrientos crónicos.
¿Hacen la digestión?
¿Duermen la siesta?

Sí, pero cuando tú no estás,
voladoras incansables,
insumisas y tercas.
¿Les ha hecho algo mi cabeza?

Les gusta mi velódromo capilar.
¡Qué bien se ve todo desde ahí!
A 1,73 y sin vello, pero ¡qué bello está todo!
Quieren juego, cuando se acerca mi mano.

¡Lamentaos!, que hoy no quiero jugar,
hoy estoy en lo mío,
barruntando de vosotras,
puñeteras aeronaves de alas transparentes.

A saber de dónde venís,
si habéis comido del excremento de mi perro,
olido el orín de mi gato con fiebre,
o indagado en el pescado de la basura.

Observo que amáis lo *delicatessen*
de mi jamón, no hacéis ascos al queso,
os encanta una sardina asada,
sois comparsa de mi bistec.

Ojalá muráis de indigestión,
y yo que lo vea,
y si no lo veo, que se posen sobre mi cadáver

bailando un zapateado flamenco
sobre mi caja funeraria.

Pero, tranquilas, que ese día
no molestaré, cabezonas de ojos saltones,
en mi reflexión tanatoria
una interrogante:

¿Qué tiene que ver una mierda
con lo que guardo dentro de la despensa?

CUESTAS

Esta cuesta arriba
esta cuesta abajo
esta pesadumbre que va conmigo
esta ascensión que tumba.

En mis sueños a la deriva
que percuten sin piedad
en el pedal los ritmos del bombo
que marcan la estridencia de un *rock*.

Sobre mis cansadas espaldas
sobre este pedregal ascendente
la cuesta me cuesta
me cuesta la cuesta.

Cabizbajo y peñas arriba
te siento más cerca
te veo lejos
en el horizonte de la nada.

Golpeo platillos y timbales
repiqueteo de tantán
que asesta en lo vertical
de una cuesta que tanto me cuesta.

Entre cuestas que cuestan
que orquestan penas
con dureza me asestan
los pasos perdidos

de una tarde de ilusiones
de una noche de tristezas
que cuestan tanto
cuando subo y cuando huyo.

Esta cuesta arriba
esta cuesta abajo
¡cuánto me cuesta la cuesta!
¡la cuesta cuánto me cuesta!

DECEPCIÓN

Recuerdo el día que no viví,
la noche que no dormí,
los sueños que no llegaron,
los estragos de la palabra.

Las revoluciones que soñamos,
las leyes que nos mataron,
las fuerzas que perdimos,
los anhelos que padecemos.

Me rebelo contra la enseñanza
que emulan los señores de la misa.
Me rebelo contra los sables
que secuestran las ideas libertarias.

Me rebelo como un miliciano
al que le han robado el pan de su gente.
Me enfurezco como la madre
a la que le han quitado su infante.

Me rebelo contra los dineros
que el ministro me robó.
Me enfurezco contra la fe
que procesionan las mentiras.

Contra las palabras del banquero
que financia los lujos del alcalde.
Contra el corrupto con olor a Varón Dandy
y su coche descapotable.

Contra el civil que maltrató a mi padre,
contra el concejal que va de putas,
contra el marica
que persigue a los maricas.

Contra el que quema libros
que no le gustan.
Contra el que se enemista
con el verso de un poeta.

Contra el machista
que asesina a una madre.
Contra el general
que a los obreros encarcela.

Contra el que calla al cantor,
contra el señorito explotador
que roba al campesino
dándole un trato mezquino.

Contra el que explota al emigrante
por un misero jornal,
viviendo en la oscuridad,
despojándolo de sus ansias de libertad.

Me rebelo contra el que fabrica las pistolas,
al que le interesa la pobreza,
y al que con los muertos no se inmuta,
contra el fascista que los domingos
asiste a la eucaristía.

Y me rebelo contra el que robó
las tierras al pueblo trabajador
regalando un manto a su Virgen
y pidió el voto como un traidor.

DESCOMPOSICIÓN

Tómatelo como un empleado público,
nosotros somos los culpables
de la mierda
de este país
de mierda,

de estos políticos
de mierda,
de los directores
de mierda,

de lo voceros de estos
de mierda,
de los corruptos
de mierda,

de las sentencias
de mierda,
de unas elecciones
de mierda,

de un Gobierno
de mierda,
de una oposición
de mierda.

Pero para corregir
toda esta mierda
estás tú, currante,
que con un sueldo

de mierda
te tienes que comer
toda su mierda,

por la mañana, al mediodía,
por la tarde, por la noche
y de madrugada.

Y después de todo esto
multan a mi perro
porque en la calle
siempre que sale
(cuando yo no estoy)
deja su mierda.

SUEÑOS Y SOLO SUEÑOS

Cuento las horas,
los minutos, hasta los segundos
de todos los días
sin tu añorada presencia.

Abrazo los sueños,
me aferro a tus besos,
acaricio los dulces momentos
con interminables otoños.

Entre gozos te imagino,
los momentos felices
que están por llegar
por los viejos puentes.

Deseo acercar nuestros ojos
a través del inmenso valle,
abrir postigos al mundo
para cruzar penetrantes miradas

que provoquen un gran estruendo
de amor infinito
por las elevadas cumbres
donde vuelan mis anhelos.

Pero amanece de nuevo
y solo con mi almohada
me despierto una vez más
de otro sueño
que aún está por llegar.

SU TIERRA PROMETIDA

A José Romero

Al amanecer de la alondra
y clareando el día
ante el ocaso de la luna
se activan sus deseos.

Con su cigarro negro en la boca
reclamando una tos,
entre tanta carraspera
aguarda paciente
a que alguien le lleve.

Pero hay que esperar
entre tertulias matinales
de unas lluvias buscadas
que este año andan esquivas.

De las heladas que penetran
entre los secos terrones
formando un solo cuerpo
de fornida armadura.

Y se consuela hasta en lo malo
porque ahí está él,
al que acude,
al que consulta y *echa mano.*

Refranero amigo de gentes,
de agricultores sencillos,
de viejos jornaleros
que el brote de una jeruga

es festejado en aquel reducto
de tierra empinada
que tan poco ofrece
a cambio de tanto sudor.

Pero ha de partir,
el olor a gasoil avisa,
hay sitio en el viejo tractor
que lo llevará a su tierra prometida.

Le va a dejar otro mañana más
ante el esqueleto de cañas
por donde trepan
hortalizas al cielo.

Donde la azada acaricia
el agreste suelo
ablandándolo y domándolo,
allí en su refugio.

Donde el viejo José
aletarga la soledad.

MARIPOSA

La busco entre nubes de recuerdos
por donde se fue, con su pelo suelto,
su escote de pico
y la elegancia de gacela.

Portadora de vaqueros elegantes,
con zapatillas de cordones sueltos.
Dulce sonrisa azabache de blasfemia,
nunca la sensualidad voló tan alto.

Nunca vi dos labios en tal dulce armonía,
nadie besará con tanta dulzura y suavidad
su musculoso grosor glamuroso
de rojiza y esponjosa humedad.

La monotonía no tiene sitio,
la pereza se ausenta con su presencia
entre caricias con ritmos, sin final
por donde deslizar los besos

en la trémula textura de su piel,
acariciar su cara,
besar su cuello,
sentir la turgencia de sus pechos.

Para descender por su torso,
hasta llegar al mágico infierno
de la ardiente plenitud apasionada
y palpar su enrojecido pulso acelerado.

Donde las miradas se intercambian
como juegos de cupido
donde radian los versos de pasión
transportándome hasta la locura.

Me aferro con espiritual ilusión
como si fuera mi último beso,
inhalar su aliento de flor de violeta
antes de que una revolera de recuerdos

dé un portazo y se despida
con un *hasta nunca.*

VERSO EQUIVOCADO

Llévame hasta el mar
para ver menguar la luna.
Quiero ver soñar en el ocaso
de un fastuoso atardecer al son de las olas.

Hazme soñar en el infinito
entre caricias sin final
donde el jadeo constante se repita
y ser parte del nuevo paraíso.

Pero esta utopía de ilusiones
todo lo neutraliza y pierde consistencia
en los albores de la noche
que se topa con más dudas.

Nuevamente medito y no encuentro respuesta,
ni tan siguiera la constelación Perseo
osó acordarse y deslumbrarme con sus lágrimas,
una vez más sin señal y sin alertar mi despertar.

Ansío la causalidad del destino feliz,
conjugo todas las formas de querer
para que el amor fluya espeso
y no ser parte de un verso equivocado.

A FEDERICO GARCÍA LORCA

El río Guadalquivir
tiene las barbas granates.
Los dos ríos de Granada,
uno llanto y otro sangre.

¡Ay, amor
que se fue por aire!

Para los barcos de vela
Sevilla tiene un camino;
por el agua de Granada
sólo reman los suspiros.

F. G. Lorca

La mañana vino acompañada,
la tarde nunca vino sola,
como las lágrimas contenidas
de los sueños que se fueron.

En La Barraca le esperan
Jacinto y Modesto, Isabel y Pilar,
quieren llevar a las gentes llanas
ansias, conocimiento, ilusiones y libertad.

Que se inunden las vidas de los sueños
de un amanecer que está por llegar,
pero la golondrina avisa que esta tarde
Federico no vendrá.

Un murmullo electrizante sacude el momento,
toda la plaza se lamenta en silencio
y la campana toca a desconsuelo,
por los trigales inclinados corre la noticia,

las espigas se visten de luto
porque toda la luz del mundo cabe dentro de un ojo.
Los perros aúllan sin parar, anuncian la tragedia,
todo es un eco, por los campos de mi tierra.

El duelo de las nubes, irrumpen con lágrimas de poeta,
al cante dolido de una fragua,
resuenan por el Sacromonte taconeos y revoleras,
mientras el Darro lagrimea al hijo de la Alhambra.

Por las estrechas calles del Albaicín todo son prisas,
los balcones se juntan y abrazan, las farolas se acurrucan
y el Paseo de los Tristes se llena de tristeza
porque Federico anda preso.

La sierra llora, por la intrépida ladera
se deslizan sollozos de venturas indeseadas,
las Alpujarras discuten por el paisaje
como cuervos endemoniados entre la carroña.

La vega exhausta de tristezas
se ofusca entre lamentos,
y lloran quejíos de libertad
por la muerte de Federico.

¡Porque ya no está el pino verde
para poder divisarla
para poder quererla
para poder besarla!

La paloma quiso por los cielos volar
en busca de libertad,
pero el aguilucho no lo consintió,
con sus groseras garras atenazó.

¡Fusiles rugen, estruendos de codicia!
Por los amigos de las sombras,
enemigos de la dignidad
y temerosos de la vida.

Porque a Federico
civiles y fascistas lo han detenido.
Porque a Federico
civiles y fascistas lo han juzgado.

Porque a Federico
civiles y fascistas lo han condenado.
Porque a Federico
civiles y fascistas lo han asesinado.

RÍO

Sin saber ciertamente de dónde fluyo
me dejo llevar entre desniveles
por orillas cenagosas,
que a veces turban mi camino.

Porque hay seres ocultos entre la maleza
perfectamente camuflados que me llaman,
que distraen mi atención,
que me confunden y desorientan.

Seres animalados, con uñas de dragón,
dementes inmisericordes, teñidos de elegancia
que furtivamente cazan sin descanso
en el ocaso de las insuficiencias.

Vengo de donde el vertedero se convierte en hogar
y la caña se hace viga, entre techumbres de paja
donde la puerta se hace portalón
para guarecerse de odios y recelos.

En un mundo donde los seres
se emparejan para herir,
se unen para escupir
venenos caducos con oxidados alfileres

que se clavan en mi cerebro
provocando daños de tercer grado
y dolorosos pestañeos donde el horizonte no se presiente,
cesando el riego de ideales que me aturde.

Valoro en negativo las pestilencias traicioneras,
por las oscuras noches de dudas sin vientos,
pero busco la luz en mi horizonte de estrellas
para solo encontrarme con nada veraz y sincero.

Y me engullo en una nebulosa
de abrazos injertados sin fuerza
por los pasillos de los besos perdidos
que se balancean en la endeblez de la seda.

Pero invoco a la muerte finalista
desesperado por la angustia de todos lados
en el naufragio de las ideas
donde los metales preciosos se vuelven horrendos.

Y grito un *¡basta ya!* de resonantes estridencias
en este mundo de cuerdos
donde los locos buscamos espacio
para poder morir, lentamente.

SILUETAS

La tarde se fue alejando, con suave lentitud,
como pidiendo permiso para después volver,
como relamiendo el final de un exquisito menú,
como admirando al final del andén el tren que se va.

Las refracciones dejan de ser motivadas
y la sinceridad de los colores
se manifiesta tal cual
como los besos de adolescentes.

Y en las lomas, un entreverado de rojizos profundos,
naranjas intensos y amarillos violetas
se muestran al enorme escenario de la fantasía
entre plomizas guirnaldas de nubes,

están ornando el paisaje de la despedida
de un sol que quiere abandonar
un especial y maravilloso lugar
y así dejar espacio a un mundo de siluetas.

Una población de gigantes de un solo pie
se inclinan en un desorden natural,
la esbeltez de perfiles rústicos,
de robledales de enormes brazos,

sirven de asilo a la belleza montaraz
de un bosque que recoge sueños volátiles
bajo una esfera de virtudes campechanas
en el que el verso profundo discurre como brisa

callejeando jaras arriba
por las indescriptibles riberas
de las que la naturaleza ha dotado
a tal excelso lugar

para de repente, y sin excusa,
perderse entre enormes laberintos
para volver a encontrarnos a nosotros mismos
entre bellas e ilustres siluetas.

RECITAL POÉTICO

Cundió el murmullo por calles,
corrió en las tertulias de la plaza,
hay quien dice que hasta en la capellanía,
en la barbería, el estanco y en la tienda.

En la panadería no se hablaba de otra cosa,
en los tajos del campo,
por veredas y caminos,
en la escuela carteles y panfletos repartían.

A la tarde, y tras el sopor del día,
sería el hecho trascendente,
el momento esperado por todos,
por la vieja y el nieto,

por jóvenes ilusionantes,
por aquella mujer con su niña,
por el hombre del bigote,
por el viejo que no oye.

Y todos acudían con intriga
al final de la calle del ensanche,
cada uno con su silla,
las de anea pequeñas,

sillones para los infantes,
tabletas para improvisar asientos,
todos rodearon el teatro de los sueños
ante las palabras que sigilan los oídos.

¡Ya están aquí las poetas
de dulces y aguerridos versos,
ya están aquí los poetas
de relámpagos y nostalgias!

Y el silencio se hace eco
entre impaciencias y desvelos
por las eras y los prados
aguardando el exotérico momento

de las rimas y los versos.

CALOR

Y me pruebas y me tientas
sin reparo ni conciencia,
me sometes a tortura
sin la más mínima abstracción.

Me enfureces para que grite
y mi aliento se disipa,
me golpeas como a una fragua
y solos oyes mi *caleo*.

Pero no busco consuelo a mi aflicción
porque sé de tu tiranía,
de tu orgullo y soberbia,
de tu presión y dotes altaneras.

Allá arriba desde tu enorme mirador
desatas tus iras y furias
y una nueva plaga de rigores asfixiantes
descargas sobre la indefensión pasiva

para los soñadores de otoños
y los amantes de inviernos añorados,
tan solo contemplo tu desacato
en la iracunda gravidez a la que me sometes.

Pero aquí sigo
en mi dilatado aislamiento
entre espasmos y sudores
sufriendo el castigo irreverente,

que tu sol con tus largos brazos
radia humos penetrantes
en un solsticio veraniego sin final
de tórrido e irritante calor.

POEMA DEL PASTOR

Se produjo lo esperado,
lo tantas veces ansiado,
me acerqué lentamente,
toqué su negro pelo azabache,

abracé sus pechos,
acaricié la turgencia de sus pezones,
y casi sin darme cuenta
¡hum! la ordeñé.

PÉRDIDA

Era media mañana
y el viento ardiente
soplaba enconado
en el granítico lugar,

el cotidiano acto
se volvería funesto
por la diagonal ladera
de espinos y mustio matorral.

Pasaron fanáticos pensamientos
donde la ira desatada
encuentra espacio donde pastar
y te llamo con feroz reclamo,

para preguntarme ¿qué pasó?
que gestara la decisión
de escapar y trotar
por el confín del paisaje

sin girar la cabeza,
sin escuchar palabra,
sin mediar reproche,
sin adiós a ningún mal.

El temor se extendió
como el oleaje de una gota
en la tranquila ribera del río
para esconderse en el lagrimar.

Las horas pasan sin respuesta,
grito a los cuatro vientos tu nombre
pregunto aquí, miro allá
porque a mi vera todavía no estás.

Alucinaciones y desvaríos protestan
por si te has herido, si la muerte contigo está.
Llegó la noche, y tras ella el pesar,
hundido con la cabeza gacha, lleno de culpa.

Los pies no responden, solo lamentos.
Pero ¡de pronto! una señal de paradero
me conduce a ti, te abrazo con fuerza,
las lágrimas nos mezclan,

y la pesadilla concluye
con este fausto y jubiloso final.

TRASLACIÓN

¿Es bueno seguir en el mismo sitio?
¿Es coherente caminar por las mismas estelas?
Discurrir por los mismos círculos
disgusta siempre, ver las mismas estrellas.

Volver al punto de partida
me conduce al pasado,
si no salgo del círculo
nada será novedoso.

No me atraigas, salvador del mundo,
porque no me has preguntado,
tu referencia no es mi guía
ni tu resplandor es mi luz.

Tus sueños de cordura
me conducen a la locura
y tu semántica de pregonero
está cargada de profunda necedad.

Rechazo a dioses, videntes y profetas
que, con voces, desde los estrados
penetran en oídos de profunda sordera
de cerebros poco fértiles.

No me fío de sus señorías,
alquimistas de la demagógica palabra
de obscenos discursos
que exhaustan mis trágicos lamentos.

Absorto en turbulencias, me niego a comprender
lo que humilla, y traiciona,
lo que empobrece, y hace daño,
lo que hiere, y mata.

Sí, señorías, su instinto destructor
se diluye entre letales razones
que hacen crujir calaveras con sus castrenses botas,
para después recibir el Premio Nobel de la Paz
y soltar una paloma sobre los rescoldos de su bombardeo.

PASEANDO RECUERDOS

Me despierto un día más
tras una noche sin sueños
rebuscando entre mi conciencia
las inquietudes de un ayer.

Recordando a un adolescente
donde los suspiros no existían
y donde el presente
siempre era futuro.

Tras un largo sendero,
después de éxitos y fracasos,
tras ilusiones incumplidas,
superando tempestades y naufragios.

Me ha llevado a esta orilla
de paseos matutinos,
de quehaceres llenos de aventura,
de comprar mi barra pan, en la tienda.

De visitar el estropeado banco de madera
donde mis viejas piernas
encuentran reposo y avituallamiento
siendo solo el sujeto pasivo

del caminar de las gentes,
de los escolares y sus mochilas,
de los repartidores de cerveza,
de gentes con prisas entre miradas perdidas.

Ante esto mis encanadas arrugas
se preguntan cómo fue mi vida,
con este medicado corazón,
quizás presintiendo un trágico final.

Me pongo de pie, acatando prescripciones
de médicos, enfermeras y familia,
para dar otra vuelta a todo el parque
con unos pies desacompasados

y faltos de equilibrio,
haciendo hora, dentro de mi soledad,
porque a mis oídos no llegan las palabras
y mis ojos se han convertido
en un constante lagrimar.

INCOMPRENSIÓN

Fueron los lances de la vida
entre oscilantes y recelosos miedos
de noches grises sin firmamento,
ella, fugitiva de recónditos lugares,

dando tropiezos por caminos enfangados
hasta llegar al paradero más inesperado,
donde las ciénagas pestilentes
dominan el desabrigado paisaje.

Buscando el calor humano
de palabras y razones,
llamando a hogares para vivir,
y, por qué no, soñar y querer.

Pero el destino de los humildes
se ensañó con su pasado,
le castigó con el presente,
y los augurios eran nada alentadores.

El trastorno tomó el timón,
la incomprensión se hizo protagonista
de aquella endeble mujer
que por ofrecerlo todo

nunca tuvo nada,
solo una vieja cama
donde curó demencias y olvidos,
descansando sobre el mandil

unas manos cuarteadas
que tanto habían podido y acariciado soledades,
aquellos ojos, hundidos y vacíos,
fueron víctima de su última luna.

Hoy, todos los ausentes la rodean,
plañideros de lágrima fácil y gemidos sostenidos,
y al fondo, el aullido de un lebrel
es pregón y epitafio de tan triste final.

BRINDO

Hoy estoy con vosotros
con esta vieja ropa
en este nuevo día
con esta posesa cabeza.

Y con vuestro permiso
elevo mi copa
por los que me quieren,
por los que me odian.

Brindo por las alegrías que me dais,
brindo por vuestra amistad,
bebo por el cariño que se ensancha
y no perece.

Brindo por el viento
que roza tu cara,
brindo por el sol
que caldea el amor.

Emplazo a los que quieren,
abrazo a los que saltan,
convido a quienes dejaron huella,
invito a los que sueñan ser niños.

Brindo por los que escriben y cantan.
Brindo por los que pintan y modelan.
Brindo por la nieve que inunde el desierto.
Brindo por la paz y los buenos vientos.

¡Y brindo por todas y por todos!

NEGRA CANDELA

El pigmento caribeño que me gusta
solo tiene tu color,
tu llanto me conmueve,
tu sonrisa me alboroza.

Tu ritmo a lo más alto me eleva,
ojos negros que miran claro,
nunca podré olvidar
la flor enamorada que en tu pecho llevas.

Das sentido a lo irreal, de ti brota la pasión,
eres el deleite de mis delirios guajiros,
sueño besar tus dulces labios
al son habanero con el más dulce contoneo.

Tú, mi negra Candela,
hoy mi dulce cubana,
te llevo dentro de mi corazón,
lléname otra copa de ron
porque no vuelvo hasta mañana.

Y si para verte de nuevo,
mi negra Candela,
tengo que esperar otra luna más
me entrego sin más condición,
aproximo mi proa y te ofrezco mis sueños.

Me retiro a mi celda
porque no quiero perderte,
mi dulce negra
de elegante balanceo.

No quiero que el sol se violente
ni me detenga en tu presencia
porque la pena de no tenerte
es más grande que tu frísol.

¡Que suenen bombos y guitarras,
que los estruendos repiquen
entre platillos, timbales y maracas,
marquen el ritmo para no soltar amarras!

Tú, mi negra Candela,
porque de este puerto
no voy a marchar,
contigo, dulce cubana,
contigo, solo quiero estar.

Las trece rosas

Rindo homenaje a la dignidad
de las mujeres que nunca bajan los brazos,
que ansían los bastiones de los derechos
de un pueblo marginado.

Que reclaman derechos existenciales
de un mundo que las presiona,
de un mundo que calla a las que quieren hablar,
de un mundo que olvida los recuerdos.

Que se deja llevar por lo que no pasó,
hoy lloro por todas ellas,
lloro por Carmen, Blanca y Martina,
mi lamento por Pilar, Julia y Adelina,

suplico por Dionisia, Victoria, Ana y Luisa,
y sollozo por Elena, Virtudes y Joaquina.

Fueron golpeadas, fueron humilladas,
pateadas y violadas,
reprimidas por salvajes terroristas
de uniforme, galones y pistolas.

Hasta Dios le mostró su espalda,
hombres con sotana de púlpito y crucifijos
y mujeres de convento con hábitos
las incluyeron en su cruzada contra el mal.

Me rebelo contra las injusticias
de un pueblo que jamás las debe olvidar
y el yugo que sus cuellos
oprimió con tan severa malicia.

Todavía las oigo cantar,
aún sus vidas están aquí,
sus canciones aún me conmueven
y para siempre han de perdurar.

En este inmenso rosal
nacerán más rosas
con hermosos pétalos,
¡con punzantes espinas!

Que no habrá sanguinarios sables
ni cobardes pelotones de fusiles
que sesguen las rosas rojas,
que pisen las rosas blancas,

porque siempre han de ser
las trece rosas de mi rosal.

LOS BESOS PERDIDOS

Y que fue de mí,
del insolente buscador de fantasías,
expectante observador de tu presencia
como ruiseñor en el cañaveral.

Y que fue de ti,
de tus embaucadores guiños
que me hacían volar
sin entendimiento ni frenesí.

De días sin final
con noches infinitas,
de revelaciones secretas
que nos elevaron por los infiernos.

Dos cuerpos encontrados
entre caricias y abrazos sin desconsuelo
de locos pervertidos sin mesura
que buscan lo que ni siquiera existe.

Dónde se fueron los besos que no nos dimos,
dónde se fueron los besos que nos prestamos,
dónde se fueron los besos de aquel día que nos conocimos,
dónde se fueron los besos de encuentros y despedidas.

¡Que alguien me diga por dónde andan!
¡Que me diga quién los tiene!
¿Qué ha pasado con ellos?
¡Que si algún corazón los guarda y los tiene cautivos!

con el viento me los devuelva,
porque mis sueños los reclaman
y solo los doy
a quienes verdaderamente me aman.

Y no siento en qué parte del camino
me encuentro, si asciendo por el pedregal
o ruedo como una roca
de amenazantes aristas por el descenso.

Siento mis pies destrozados
por las rozaduras y la inercia
de los olvidos de tu ausencia
por los bosques del menosprecio,

y me interrogo una y otra vez:

dónde se fueron los besos que no nos dimos,
dónde se fueron los besos que nos prestamos,
dónde se fueron los besos de aquel día que nos conocimos,
dónde se fueron los besos de encuentros y despedidas.

¡Dime!, ¡dime!, dónde se fueron.

DE BRAZOS CRUZADOS

Aquí en esta tierra,
donde no se conoce la justicia,
donde reina la inmundicia
y se venera la corrupción.

Donde mi gente no se inmuta
ni se echa las manos a la cabeza,
solo tiempo para rezos
entre cabalgatas y procesiones.

En este pueblo
ya no hay lágrimas
ni espasmos ni relinchos
ni voces desinquietas.

Por la carrera
ya no hay carreras
y los vientos de libertad
solo tumban los paraguas.

Las campanas repican a misa
y recuerdan a las gentes
quiénes son los de arriba
y dónde están los de abajo.

Unos miran al suelo,
tristes y humillados,
derrotados y apaleados,
por traicioneros de las urnas.

Los otros, felices vencedores
recetando curas y tratamientos
para un moribundo
que lucha contra el coma.

Por mi calle ya no hay lucha,
solo asentamiento y obediencia,
y la calma solo la inquieta
el gol de un acaudalado futbolista.

¡Este pueblo está muerto!
Este cadáver ya no respira,
solo queda velar al difunto
y cruzarse de brazos,
hasta que la REVOLUCIÓN quiera.

PESIMISMO

Cuéntame, amigo, qué te pasó,
por qué no me saludas
ni alegras con mi presencia,
ya no disfrutas con el diálogo.

Veo en tu mirada tristeza,
en tus manos noto temblor.
¿Dónde se fue tu armónico caminar?
¿Tu destreza al hablar?

¿Por qué no miras y me hablas?
Acaso un apocalíptico suceso
ha hecho de ti su espacio
hurgando penas ocultas.

Si los recuerdos del pasado
han causado desilusiones, quebrantos y ansiedades
sincérate y no pienses más,
no es bueno caminar

con la vista en los abismos
ni pendiente del ocaso
cuando las tristezas acuden en tromba
cabalgando sobre corceles negros.

Los truenos se acompasan
con latidos estridentes
percutiendo voces de ultratumba
que de las tinieblas yace.

¡Hay que escapar de la oscuridad!
Huir del pavoroso trance
que sin piedad te persigue
como siniestras sombras de maldad.

AL POETA MÁS JOVEN

Acaba de nacer un individuo,
acaba de llegar un nuevo poeta,
lo primero que ha visto
parece no agradarle.

Ha roto a llorar,
quizás una premonición
de lo que está por llegar,
todo es misterio a su alrededor.

Su aspecto satisface al personal
y su corazón diminuto
parece ser enorme
por su forma de bregar.

Nada le da seguridad,
entre tan abarrotado nacimiento
lo único que percibe
es que todavía no está solo.

FUNGIDOS NOCTURNOS

Te siento rugir en los albores de la noche,
en el fondo las constelaciones con sus espirales,
y me llaman y bocean
todo un siniestro mundo de secretos ocultos de mal humor,

por un baile de apariencias noctámbulas,
y saltar al vacío de patíbulos,
donde me aguardan sin piedad
y pletóricos de horror

pelotones de expoliadores de ideales
que dormitan
a las gentes el honor.

GORRIÓN

Me han dicho alguna vez gorrión,
no tengo alas, no tengo cola,
no sé cantar,
cuando salto, tropiezo,

no me gustan los gusanitos,
los huecos oscuros me dan miedo,
no me gusta ir en bandada,
no me gustan las pipas,

con el pan mojado vomito,
no me gusta vivir cerca del hombre,
en los parques hace mucho frío.
Pero ahora me doy cuenta
de que no sería malo

disfrutar de su LIBERTAD.

«DÍA MUNDIAL DEL GORRIÓN»

POESÍA

Ay, caray, ay, caray,
qué guapa va,
qué orgullosa camina,
en un resplandor de colores y versos,

con remilgos de soledades
de almas errantes
apuntando a dianas
de corazones sensibles.

Ella, con su bata de cola,
dueña y amante
de mis noches de versos,
suspiro de galanes.

En tardes vacías
hoy te recuerdo,
escucha mi lamento
en esta noche sombría,

hoy celebro contigo
mi dulce, mi guerrera,
mi bien amada
POESÍA.

DUDAS GALLERAS

Me ofusca cómo poner en hora al gallo,
las gallinas a su manera lo controlan,
los vecinos menos, pero de momento
se me plantea un nuevo ensayo.

No sé si mañana su canto
clamará venganza
en mí, desconfianza,
y con su celo moruno espanto.

Caminan juntos despertador y gallo,
son hermanos en mis despertares,
gallo y reloj,
sociedad perfecta.

La función comienza con ellos,
en el silencio matutino de mi casa
todavía recrean lejanos ronquidos
como sombras por el aire dispersos.

Tranquilo reposa
el reloj sobre la mesa
ticteando en la noche,
bailando a su hora.

Solo un encargo,
dar la mala nueva
para decir adiós al lecho
provocando mi enfado,

donde embadurno mi conciencia
y asfixio las sorderas
por los grilletes que aprietan
de una fe que a lo lejos se aleja.

Gallo que no respetas
las noches de primavera,
no sé cuándo cantarás mañana,
a qué gallina rondarás en la ribera.

Pero sí creo seguro, gallo,
que harás vehemente caso
a la gallina negra,
que en palo aletea,

olvidando mandatos
e instrucciones aviares
que tanto traen de cabeza
a la política y sus directivas europeas.

A MIGUEL HERNÁNDEZ

Eres el amigo con el que nunca hablé,
eres el amigo con el que nunca fui,
eres el amigo al que nunca abracé,
eres el amigo al que siempre quise.

Pero eres el amigo de las heridas,
el que me hizo compartir
sueños que nunca viví
tras esperanzas perdidas.

Deseo abrir ventanas al alba,
para que los vientos del pueblo
no condenen mis trinos libertarios
al ocaso de los olvidos.

Quiero ser tu voz
pero no puedo,
mis miedos me lo impiden,
y al temor cedo.

Me siento cabrero sin albarcas,
andando por los terrones de la desidia,
por caminos de cardos y zarzas
en donde se revela la tragedia.

Llévame de tu mano,
amigo Miguel,
dime de tu amor a Josefina,
de tu poesía, que tanto la añora.

Por la Alcantarilla irrumpen
estruendos sobre luna y miel
entre llantos que no cesan
por los muertos de la guerra.

De los rincones salen
mensajes impregnados
de hirviente sangre roja
por donde discurren los regueros del terror.

Quién fuera Pablo y Vicente,
para disfrutar del tiempo y su amistad
y hablar contigo frente a frente
en el olimpo de los versos y la verdad.

OCASO

El ocaso de la tarde
arrastra recuerdos
haciéndome divagar
de si vamos pa'lante

o retrocedemos por sendas
de las injusticias sociales,
de los lechos de muerte,
que nunca debimos pisar.

Mi gente se lamenta
pero también perdona
a quienes les saquean las ilusiones
justificando a los que roban.

Se perdona a los que se postran confesos
ante los paraguas demagógicos
de las palabras inciertas
y a los viciosos amigos de la mentira.

Nos emplazan con ilusionantes futuros,
con promesas ficticias
de aves y aeropuertos
que solo ellos y ellas se creían.

Pero nadie emerge,
todos consienten,
todos asienten,
todo es silencio, susss.

Esta inmovilidad permanente
catapulta a la mitología
de dioses vencidos
con Biblias en blanco.

Poltronas de culos calientes
gozosos de prebendas,
de insaciadas bonanzas
con lujos y señoríos insultantes.

Un día en las urnas
y otro más, y otro más,
y más y más, como imbéciles
a los altares aupamos.

Descansemos en paz.

EL REGALO

Me cuenta un amigo
detalloso y bondadoso,
iluminado como la flor de higo,
que en un alarde de grandeza

decidió regalar a su amada
un sostén granate,
unas medias sexis
y unas bragas alba.

Menudo arresto, arriesgada valentía
de un donjuán sin espada
que solo pincha
con los pelos de su barba.

Acudió a la sostenería,
tienda frecuentada por aquellas
que ensanchan michelines y faldas,
las que comen noche y día.

¡Alcahuetas con estilo
visitadoras de confesionarios
luciendo palmito y pose
en tiendas y pescaderías!

Extrañadas, murmullan, se miran.
¿Qué hace este tío pidiendo sostenes,
bragas y ligas?
¡Depravado ninfómano de izquierdas!,
seguro que se lo pondrá.

¡Quizás se pinte los labios
y se mirará al espejo
hasta hurgar en su apestoso trasero,
a saber cuántos pecados le rondan!

¡Basta ya, habladoras sin final!
¡Que es el día de mi amada
y solo quiero corresponder
con esta iniciativa tan singular!

DAMA

Cuánto vale un beso que tú me des.
Cuánto cuesta un suspiro de tus labios,
hasta dónde llegan los abrazos clandestinos
al besarte un poema con sus acordes.

Cuántos sueños abatidos al vacío
para aspirar la brisa de tu aliento,
que zumban en mis oídos
tras los crujidos de mi lamento.

La proposición de las ideas con emoción
que deambulan por los amores al caer
como un bocado a la fruta prohibida,
para ser tu Adán en el infierno de la pasión.

Me muerdo mis sinceros poemas
para no dañar el dulce atardecer
entre palabras silenciosas
que solo tú y yo sabemos comprender.

¡Y me muestro un daltónico insurrecto!
por las cartas que no te escribo,
por cuantas cosas que no te digo
cuando noto tu presencia cerca de mí.

Entre tanto misterio en el desván,
miro en silencio cuanto dices,
los dos, en la mesa, frente a frente,
como dos pistoleros que se retan.

A una lucha sin cuartel,
con agazapadas miradas
que lo dicen todo y no dicen nada,
entre los murmullos de aquel local.

Quizás aguardando un *te quiero*
que nadie sabe si va a llegar.
Como una dulce pesadilla
de la que aún no quiero despertar.

NO FUE UNA TARDE MÁS

No fue la brisa
la que me envolvió,
no fue la puesta de sol
la que embrujó.

No fue el claxon de los coches
lo que llamó la atención,
no fue el polen del rosal
el que me inundó de dulces olores.

No fue la vida de aquel parque
que la belleza me hizo admirar,
no fue el vuelo de la paloma
que mis ojos quisieron seguir.

No fue el brillo del viejo estanque
que la vida todo lo inundó,
no fue el cielo infinito
que mis alas pusieran a volar.

Fue tu aliento,
fue tu risa,
fue tu candidez,
fue tu sedosa piel.

Fue tu pelo extendido,
fue tu cuello estirado,
fue tu bella nariz,
fue tu espalda mojada.

Fue la blusa estampada,
fue tu cintura de diosa,
fue la dulzura de tus labios,
fue tu aire valiente.

Lo que esta noche, sin sábanas
y almohada dispersa,
escribo en silencio
sobre esta vieja libreta,

rememoro los besos que no te di.

NOCTÁMBULO

Yo conozco a un amigo
que se encontraba
vagando por las tinieblas
rompiendo zapatos, sin pisar el suelo.

Lo vi sentado, buscando en sus adentros,
escarbando en la trastienda,
curándose de heridas,
huyendo de tragedias,

reponiéndose de guerras,
en el pavor de las trincheras
reponiendo sacos de arena
rotos por las balas.

Los estruendos empujaban,
la voz no sonaba
recordando mensajes
que solo él sentía.

Deseo ir a casa
para oír su voz,
para hablar de las verdades
huyendo de las mentiras.

Colega de los silencios,
enemigo de las palabras,
pero el tiempo corría
y ella no llegaba.

Si tú quieres que yo te quiera
respóndeme,
si tú quieres respeto
respétame.

Si quieres que te abrace
abrázame,
para hablar de las verdades
huyendo de las mentiras.

Para empezar a odiarnos
en toda esta batida,
entre insultos de la noche
hasta el dulce amanecer.

Mientras tanto,
pidió cita al forense.

DANTE VUELVE

Volando por los infiernos, voy
extenuado de fuerzas perdidas,
agotado por los sudores amargos
de quien nunca quiso ser.

Lastre de pesadillas nocturnas
donde no dormitan paces,
donde nunca arriban las dichas
y las tirrias echan raíces.

Por ello callejeo
perdido en esta terrible sordera
de zumbidos y galopes sin destino
por desiertos sin oasis,

con lunas sin cielo
de estrellas apagadas,
que olvidadas
nadie sabe dónde están.

Tan solo faroles encendidos
de horripilante luz
rememorando tristezas
sin progreso en esta lentitud.

Con la botella vacía, arribo a la farola
no para ver si hay luz, sí para asirme
de los vaivenes de la noche
y no rodar por los adoquines.

Para amarrarme con fuerza
como un capitán de barco hundido
y no ser pacto del naufragio
bajo las profundidades de los abismos.

No veo un destino,
solo me aguarda un final
de primaveras otoñales
que solo, solo, solo, solo
la saliva me hace tragar.

PIANISTA

¡Quién supiera tocar las teclas de un piano!
Que condujera las melodías por el viento,
el vibrar de la levedad sonora,
y alentar los maltrechos corazones heridos.

Inhalar la repulsa masoquista melodía
en do menor que se escapa sin control
y permitir que los haces de luz
fluyan en ritmos que no se desvanezcan.

Donde confluyan en alientos de ternura
entre los umbrales de los sueños
para excitar pensamientos estancos
y salir de profundos vacíos.

Ser la dulce nana de los insomnios
en las tardías noches de primavera
para no dar vueltas en almohadas
que ni sienten ni aman.

Quisiera tocarte una balada
para endulzar amargas salivas
que me lleven por senderos inescrutables
por donde vagan los abrazos sinceros.

Caminar errante por los teclados,
desplazarme de puntillas, en idas y vueltas,
y hacer vertiginosos giros sin tambalearme
e izarme en la verticalidad como un bailarín.

Alegrarme ruidosamente entre compases
para frenar deseos impuros que me obsesionan
en las rémoras nostálgicas, pendientes de hilos
donde encuentra refugio mi necedad.

¡Quién supiera tocar las teclas de un piano!
Y atacar las desdichas de un linfático derrotado
atrapado en tortuosas terapias depresivas
envenenadas por curanderos de bata blanca.

¡Quién supiera tocar las teclas de un piano!
Para saber si en este pacífico momento
podría hacer un nocturno de Chopin
sobre los tejados lenticulares de mi vieja casa.

IMPOSIBLES

No me pidas que te olvide,
porque no va a poder ser,
no pidas a la luna que no nos ilumine,
porque te siento tan adentro.

Has calado tan profundo,
tan dentro de mi corazón.

Te veo tan guapa,
con ese gorro, tan elegante, tan hermosa,
esa claridad de tu piel
de tan señalado lugar.

Tardaste en llegar a mi vida,
he esperado demasiado,
pero ha valido la pena.

Aspiro a montar en tu escoba
y barrer todo lo que nos rodea,
y pasar el algodón
por si ha quedado algo de polvo.

Pero los vientos de los sueños
vuelan altos y por el cielo se van
remontando por las materias cósmicas
para perderse por los senderos de la luna.

Y doy comienzo a mi sección de odio,
no te hablaré ni mencionaré tu nombre.
Voy a sacar mi lengua viperina, y poniéndola a pasear
escribiré el libro de las *Cincuenta sombras de Grey*.

No tendré miedo ni cuidado
en la reciprocidad, de que tú saques la tuya,
y en cinco minutos sacarte del juego
para mirar cómo tiemblan los cerros al viento.

Asaltaré los oscuros paseos
en resquemores de ultratumba
y escribiré otra poesía,
porque yo solo escribo a quien amo.

Y si entro en la fase de odio,
te recordaré, como los amaneceres
que nunca fueron ni existieron,
olvidaré la vergüenza,

para que no se me encoja el estómago,
procurando disfrazar tabúes irresistibles,
encontrarme en coyunturas indescifrables
para quitarte todas mis vergüenzas.

Y si encuentro la lámpara mágica
le pediré convertirme en bidé
para salvarme de mis desdichas
apagando los fuegos que me invadan.

También suplicaré convertirme en esponja
en tu baño de espuma, ser tu toalla envolvente,
transformarme en tu peso de baño
y mirar hacia arriba fijamente
para irrumpir en tus abismos.

EL TREN DE LOS SUEÑOS

Me subo al último tren
huyendo de las penumbras del pasado,
donde encontrar haces de luz
que se escapen a lo largo del túnel.

Presagiando un largo viaje
donde acomodar recuerdos y pasajes
ante la destrucción de vuelos
de alas cortadas sin poder remontar.

En el tren de las ilusiones
donde huyen los amantes
por las fugas de los escritos,
por las palabras impronunciables.

Al fondo, suena una armónica
con el son de los raíles de fondo
y la vibración de los asientos,
el acomodo busca su momento.

Las miradas se cruzan entre frialdades
de pasajeros inadvertidos de soledades
con destinos inciertos y caminares
por donde discurren las esperanzas.

La lata de cerveza, buena compañía,
el móvil que suena, y de pronto la vio.
El espejismo dibujado en la mente,
los pasajeros de figuras elegantes.

Entre camisetas empapadas
se producen altos, del acuciante calor
nadie cruza palabra, tan solo miradas,
sin reciprocidad, sin nada que dar.

Hartos de viajes simples y monótonos
se encontró con ella, con quien soñaba
por el día aferrándose a las heridas
de otras tantas noches sin guion.

Los teléfonos solo distraen los pesares
de largos bagajes de contradicciones
de muertes anunciadas, de vidas paralelas
entre los vaivenes del largo pasillo.

De aquel viejo tren de las ilusiones
en anclajes de baterías descargadas
y delirios de espumas sobre los labios
que nunca más se encontrarán.

MILÍMETRO

Explorando campiñas del pasado,
rondando lugares donde ahogo mi conciencia,
caminando por veredas llenas de pisadas
me encuentro las ruinas del presente.

Sin sentirme desplazado por los sueños
ni mentirme a mí mismo
lanzo a los cuatro vientos
la desidia que me aborda lentamente.

No aspiro a exploraciones
ni búsquedas personales
que distraigan existencias vacías
de ventanales cerrados.

Milímetro a milímetro
recorro suaves colinas
palmo a palmo, entre respiros contenidos,
donde la grandeza no tiene fin.

En un sube y baja de desconciertos
y jadeos oxigenados
en una ira de respiros descompasados
donde las estridencias no existen.

Milímetro a milímetro
me adentro por recónditos lugares
donde la oscuridad se vuelve luz
y la luz abre paso a los sueños.

Los ríos contaminados
se tornan claros y transparentes,
el mecer de las hojas de la orilla,
se mueven acompasados,

bailando un vals de dulces melodías
donde unidos y entrelazados
me recuerdan momentos de melancolías
en los que los besos no tienen final.

Milímetro a milímetro, garbeo en la distancia,
ausculto de forma clandestina
las dichas de quien busca el dorado
para guardar los tesoros de la delicia.

Traficar como trotamundos en el desierto
y alejarme por el lejano horizonte
buscando en el oasis
la frescura de la gloria y del liberto.

CAMINO SIN FINAL

¿A dónde voy, de dónde parto?
No lo sé,
pero sigo en el camino,
que siempre empiezo y nunca termino.

La inseguridad alcanza protagonismo,
cabalgo por sendas perdidas
pensando en las víctimas
de un mundo sordo de llantos.

Lucho contra los miedos en silencio,
me ofusco por no sentirme útil
en este mundo de fracasados sin cuartel
porque a veces me faltan las fuerzas

de los que murieron por la libertad,
de interminables sueños incumplidos
que balbucean en los otoños de las tristezas
y se ahogan en la utopía de la oscuridad.

OJOS OLIVA

Volando me di cuenta
de que desde arriba
no pude ver el color de tus ojos,
el desvelo aparece cuando no los veo.

Alucino cuando no los siento,
me sonrojo con el encuentro
entre las negras rejas de visillos
que un día sí y al otro también

desplazan los pasos perdidos
de suelas gastadas por ásperas baldosas
por donde se enmarcan los caminos
donde las incertidumbres se evaporan.

Que la palabra no se pierda,
que la memoria no perezca,
como duros azucarillos acaramelados
indisolubles con el calor de tu mirada.

Las luchas no cesan,
las ganas tampoco tienen final
y tus felinos ojos despejan dudas,
ponen sobre aviso a la inmensa selva

de que siempre ocurre lo nunca esperado,
aseguran la certeza del agua
que discurre por las piedras
buscando espacio donde arribar.

Para explorar rincones inaccesibles
y poner un campo base
donde las idas y venidas
no tengan ni principio ni final.

Y los ojos activan venturas
entre miradas sostenidas
donde no haya víctimas
ni rescoldos de fuegos ardientes.

Allá donde se entremezclan los brazos,
donde no existe el vacío,
escalo rocas y verticales paredes
donde solo el viento sabe llegar.

Pero no quiero causar más dolor,
no quiero que la fuerza que oprime mi pecho
se convierta en un desierto ardiente
con interminables dunas, sin oasis.

El llanto y la alegría se cruzan sin cesar
condenando la ilusión y la agonía,
y donde se entremezclan misterio y realidad,
que henchidos no caben en el pecho de un poeta.

LA VOZ QUE NOS MECE (TELEDIARIOS)

El rito del consuelo de los marginados
se me clava en los oídos, como ecos sin final,
me penetra como crujidos de sables
y se ensaña con la irónica felicidad

con la que los telediarios nos alimentan
entre menús a la carta que nadie elige.
Podredumbres malditas llaman a mi puerta,
vacías de contenidos y verdades mentidas,

irrumpiendo en la libertad de las ideas.
Y ya no sé de dónde soy, por mucho que digan.
Me roban las ideas, detienen mis sueños
y me capturan los gritos, mutándolos a silencio.

Soy un árbol, en esta inmensa arboleda,
que a golpe de vista nadie percibe,
siempre inadvertido, siempre ausente,
entre los discursos de las veleidades constantes.

Los vientos envenenados de los discursos
mueven las alamedas, y aquí sigo, a contracorriente,
venciendo la marabunta de las palabras,
que me persiguen, para ser arrastrado por la tormenta.

¡Pero invocaré gritos de marginación!
Tronaré mensajes de sueños libertarios,
por la inmovilidad de los engaños con decreto
en los que las poderosas vergüenzas

disfrazan los instintos de la razón.
Otra vez, vestido con esta camisa de fuerza,
muevo y giro, salto y me violento,
me doy cuenta del derroche de energías,

de las fuerzas gastadas, que no sirven de nada,
enclaustradas, por quienes viven un *statu quo*,
teniendo de todo, pero con muchas carencias sensoriales,
donde la mezquindad manda y ordena.

Mientras tanto, miro al suelo, que me reduce
sobre frías baldosas inmóviles de inmensos pasillos sin final,
de las que soy incapaz de propulsarme,
bailando sobre mi propio eje un chotis de pesares.

Donde las pautas marcadas me neutralizan,
me aprisionan, me reducen la libertad
que tanto añoré en mis tristes noches sin almohada,
cayendo derrotado en esta profunda trinchera.

PENSAD, PENSAD, PENSAD

Nos vemos rodeados de tropelías,
no queremos saber nada de corrupción,
nos sentamos junto a la inmundicia,
saludamos a insatisfechos degradados.

Abrazamos sus transversales ideas,
vemos sus teles cuarteleras,
compramos sus voceros periódicos,
escuchamos sus torticeras radios.

Aplaudimos sus chulerías de salón,
nos sometemos a sus oscuras voluntades,
alardeamos de conocerlos y beber con ellos.
Somos sus serviles interventores,
pero solo cuando hay elecciones.

Les besamos sus dorados anillos,
nos arrodillamos cuando nos mueven su mano,
les devolvemos su sonrisa con dulces aspavientos,
les damos la mano solo cuando ellos quieren.

Nuestra docilidad los pone cachondos,
se restriegan de gusto con nuestro aplauso,
y se corren como guarros con nuestro sí,
caen exhaustos al variar nuestras posturas.

Gozan cuando nos revolcamos en la miseria,
y su placer nunca expira en el infinito,
por mucha humillación que recibamos.

Pensad en sus placeres, o en vuestros sufrimientos,
pensad en sus mansiones, o en vuestros desahucios,
pensad en sus vergüenzas, o en las vuestras,
imaginad que sois fuertes y ellos débiles.

Suponed que vosotros sois el pueblo
y ellos nuestras voluntades.
Pensad, pensad, pensad, pensad.

EL ESTANQUE DORADO

Para la perfección es necesario todo,
cuando el factor equilibrador es total
son indispensables los elementos,
el motivo que todo lo conmueve.

Las esperanzas fundadas
reclamando espacios silvestres
donde la vida encuentra sentido
y la plenitud invade el lugar,

las mentes vuelan por los vientos del sur,
aleteo de inviernos seductores
que guían a primaveras soñadoras
al borde del estanque dorado.

Donde se asienta la luz y toma presencia,
quedando invitados los pensamientos insatisfechos
que disparan alientos esperanzadores
en constantes parpadeos de alegría.

Se crean innumerables faros, que vigilan,
que guían el devenir constante de esperanzas
entre alentadoras cumbres heladas
allá en las alturas, donde posan la majestuosidad,

donde las formas campan por el quebrado horizonte
para encontrarse en el roquedal expectante
donde la diversidad es infinita, allá la lejanía
para encontrar cobijo en el edén de las flores.

En aquel lugar, donde la ceguera no existe,
todos rodeando el inmenso contorno
para preservar la vida y aislar la desdicha,
prestos y en primerísima fila

del inmenso anfiteatro, y así vivir
la gran comedia griega del dios Neptuno,
cabalgando con corceles navieros
para ver desembarcar las apacibles tardes.

Todos alrededor de aquella transparente laguna
en la que cielo y tierra están unidos en un mismo son
de tibias aguas, de magna quietud,
y donde la fresca hojarasca del otoño

encuentra el reposo, las hojas caducas
que dulcemente caen en un balanceo constante
meciendo lentamente, tras el ocaso de la arboleda
para no molestar, el dulce sueño de sus aguas.

Allí donde el tiempo no cuenta, solo la vida,
allí donde nacen los amores escondidos,
en el que los silenciosos besos vuelan
en el horizonte nocturno de perseidas,

tras los abrazos incontenidos
encuentran un remanso de galaxias sin explorar,
no existe lo efímero y la nada no tiene final,
donde se funden las caricias hasta la llegada de la aurora.

Los chorros cloquean de la fuente que alimenta
la inmensidad del monumental paraje húmedo
para aspirar el vaho que todo lo inunda,
hasta apoderarse del celestial lugar.

Las barcas son mecidas tras el suave oleaje
entre turbados vaivenes que las llevan y las traen
de orilla en orilla, y bogar por su firmeza
con remos por los mares de Afrodita,

hasta el embarcadero, donde poner pie a tierra,
sumirse en la contemplación de las armonías
y provocar el éxtasis soñoliento
sin traumas ni remotos recovecos.

Quiero seguir soñando, del momento
no me dejo marchar, no he de olvidar
ni pensar que algún día el agua se ausente,
que la vida se pierda y solo quede el reducto
del misticismo y las nieves del fastuoso lugar.

ALA DELTA

Donde el camino dibuja lo tortuoso
por los recovecos del final altivo
en el que el serpenteo de los caminantes
señala una constante de idas y venidas,

de recaderos sin destinos,
entre encargos repetidos
donde el júbilo se hace tesón
por los remilgos del seco pedregal.

Aunque la quietud se apoderó del severo roquedal
y la paciencia echó fuertes y profundas raíces
donde la paz se hace dueña de las alturas
y los vientos se encuentran y abrazan con furia.

Hacer de la noche todo el día
y que la penumbra confunda el sol con la luna
para alejarme de los ruidos que me acosan,
y así desprenderme de este solitario ser.

Por la empinada rampa, despego hacia lo lejano,
y como un cóndor que otea por los cielos
busco la candidez de las alturas,
la tranquilidad que los sosiegos necesitan.

En el que la tierra deja la roca y busca volar
para subir y bajar, fluyendo entre los cardinales,
navegar por el horizonte de los lagos
y con la ayuda de los vientos remontar el arcoíris.

Allá donde las estrellas están más cerca
quiero parar el tiempo y suspenderme en el vacío,
explorar donde los pájaros no llegan,
elevarme sin batir las alas de la conciencia.

Y todo el cielo cubierto de alas voladoras
se transforma en una aventura sin retorno
con grandes pétalos alados
en una fusión de estallido multicolor,

recreándose un magno espectáculo
donde el vals aéreo se desplaza
con una suavidad de movimientos
donde se mecen lo lejano y lo cercano.

No quiero abandonar el lugar de los vientos
para no olvidar que un día volé con ellos,
con aquellas alas que sin batirlas
han coronado ilusiones y vértigos del pasado.

EXISTENCIALISMO

Cuando el poeta vive.
Cuando el poeta siente.
Cuando el poeta sufre.
Cuando el poeta muere.

No siempre los que viven están vivos.
No siempre en el cementerio solo hay muertos.
Los que sufren también sueñan con el alba.
Y quienes sienten naufragan en el mar de Neptuno.

SOLEDADES

De aquí allá,
se van lapidando las fuerzas, el amor,
y con las estrellas de tertulia
vienen los momentos de la soledad,

de añoranzas de la pasión,
de los ojos más hermosos
que jamás he visto yo.

ECOS

Entre periódicos y telediarios,
sí, a todos ellos les sobran palabras,
me sobran sus opiniones y desvelos,
me sobran todas sus intencionadas mentiras,

que echan a volar
para así quedar atrapadas
en la gran maraña del cautiverio de las ideas.

Solo mirando a todos lados
puede que ocurra
algo inesperado
y sea trascendente.

OLEAJE

La lentitud del movimiento
del Pacífico litoral
donde el nocturno oleaje
hace fluir las ausencias sonoras

relaja plácidamente diálogos
allá donde la inspiración
recoge en silencio la inmensa placidez
en donde la flama deja paso

a la suave brisa
que todo lo abraza
que todo lo inunda
que todo lo transforma.

Donde el tiempo no pasa
y la espesa penumbra
oculta aquello que no se quiere ser,
donde el tacto navega perdido.

Aquí en este solemne nocturno
observo en tedioso silencio
cómo el ambiente se torna paz,
cómo el continuo oleaje

ha cambiado en suave saludo
de idas y venidas lentas,
tan solo el humeante cigarro
toma su presencia grisácea

para, con otra calada,
hacer tiempo al espacio
aguardando en el dulce silencio
la magia del anochecer.

Las horas difíciles aquí no caminan
y la nostalgia se camufla entre silencios
de un náufrago perdido
y arrastrado por el oleaje,

e ir con los vientos de poniente
para ser un nuevo Ulises
esperando a la diosa Calipso,
a que arribe en el enorme litoral.

Entre temblores y desahogos
para ser arrastrado por las mareas
y poner calor
a esta fría noche.

DEDO APUNTADOR

Es verdad que siempre me perseguís,
que no gusta lo que a veces pienso
ni mis creencias son ortodoxas,
que van llenas, a veces, de mudas palabras,

que me señalas con el índice acusador
por lo montaraz de cuanto digo,
entre mis irreverentes razonamientos
fustigo las lógicas que nunca son.

¡Coged, atad y apalead
a quien ose burlar lo que no comprende!
¡Sí, a ese a quien todos los dedos apuntan!
Con en el que la multitud se ha vuelto manida.

Quiere una víctima que consuele el desaliento,
que pague con su alma
la catarsis de este extravagante naufragio
que ha destrozado las velas del navío.

¡No habrá escondite para inocentes!
Faltará espacio donde burlar la vida,
aunque el firmamento sea inagotable
siempre habrá un dedo localizador

que te perseguirá, como bengala iluminadora
en el trasnoche, y la solemne oscuridad
como avispa en busca de agua
bajo la tiniebla de la sinrazón
y donde la falsedad no encuentra cobijo.

Ese dedo apuntador, que de nadie se olvida,
deja al descubierto los miedos del acusador,
por donde su ira discurre
y los sentimientos mutan,

transformándose en amenazas
como un tifón, que todo lo convulsa,
que lo eleva y lo golpea,
que te centrifuga, hasta hacerte añicos.

Mas podías, dedo indicador,
examinarte y volverte humilde,
esconderte entre las manos
con pulgar, corazón, anular y meñique.

Fugitivo que de todo se esconde
entre el desconfío y la incertidumbre,
y con ello no dañar más las heridas
de quien hace tiempo yace muerto.

OCULTO

Cuando la noche absorbe la tarde
y los susurros dominan las voces
aparecen las sombras de las conversaciones
que solo me conducen a los precipicios.

Donde la preguntas sin respuesta
bordean la obscenidad de los silencios
dejando a los ojos navegar sin timón,
perdidos en todas las direcciones,

que solo mi mente puede imaginar,
la luz se vuelve oscura,
llevan y traen calladas respuestas
por los túneles sin final,

donde todo se absorbe,
todo se amortigua en la techumbre
por los aullidos de las sombras
donde perecen las promesas,

y la traición de las palabras
de herrados sueños,
donde se desvanecen
como el vapor del tibio amanecer.

Con las heridas del pasado
me pierdo para no encontrarme
ni a mí mismo
abrazando a mi propia sombra.

Para no ser buscado, ni encontrado,
para no ser hallado, ni preguntado,
porque en este paraíso de ausencias
yo solo quiero, solo, tu indiferencia.

CAMINARÉ CERCA DE TI

A Marco

Caminaré cerca de ti,
observaré tus dulces quejidos,
acariciaré tu piel de algodón,
el arcado de tus cejas.

La melosidad de tus claros ojos,
la lentitud de tu pestañeo,
serás el apunte de mis notas,
con prólogo, pero sin final.

La elegancia del arte que no existe,
la fuerza incontenida de un desvarío,
la sutileza de los dedos de pianista,
para entonar deliciosas partituras.

¡Y qué hermosa belleza!
¡Y qué erguir tan elegante!
Entre bostezos de sueños y despertares
estás ahí, en un lecho de ilusiones y fantasías albas,

de quien tú eres titular y primera plana,
en un diario que se acaba de editar.

VERDUGO

Yo, ese verdugo salvaje
que repica y golpea,
que se ensaña con los sueños,
que persigue tu sonrisa fugitiva.

Que en tus dulces esperanzas
irrumpe como un demonio,
causando enormes destrozos
en el edén de la felicidad.

Que se ha vuelto insensible
como un león devorando a su presa,
viendo la sangre brotar
por la fuente de la desdicha.

Yo, ese verdugo salvaje
que ni llora ni consuela,
que pisa los huesos del naufragio
para ser pasto de la indiferencia.

Yo, ese juez de las injusticias
que condena sin juzgar,
saliendo inerte de la contienda,
dejo un manantial de lágrimas,

de angustias hechas trozos,
relamiéndome de tu tristeza,
y me olvido de todo cuanto quise,
de aquellos abrazos,

de nuestros besos,
sí, de esos, solo de esos,
no de aquellos otros
que la gente se da.

Yo, ese monstruo sin cabezas,
ojalá algún día las hienas me devoren
y los buitres den cuenta
de mis bilis envenenadas.

Deberé pagar mis atropellos
hasta la extenuación
de quien no supo amar
ni admirar la maravilla de querer.

MANOS

Torpemente tiemblan mis dedos
sin atino ni desparpajo,
obstaculizando las palabras
que no se atreven a salir.

Como pidiendo permiso al destino
y así evitar el espasmo del silencio,
ellas, las manos
que tanto nos definen,

que tanto nos auxilian,
que siempre inician los acercamientos,
que son las que desembarcan,
que toman tierra en tu piel.

Las que me dicen de tus anhelos
e informan de tus días de luz,
de tu puesta de sol,
de las noches de estrellas.

Y me hablan de tus alegrías,
de los sueños de los retozos,
de dulces despertares
de tan difícil descripción.

Esas manos que me tocan,
que tantas caricias me hicieron.
Esas manos que me hacen sentir,
donde su tacto se vuelve peregrino.

Que sirven de escudo,
que rozan de ternura
y lo mejor llega con el tacto,
porque cuando las beso

ellas me contestan
en el idioma de los silencios,
que susurran besos al oído
de manos que se buscan

porque se quieren mucho,
son tan bonitas, tan súbitas,
tan fuertes y serenas a la vez
que pueden acariciar tu cuerpo.

Manos que tocan y me aparecen
flujos internos de la pasión,
que exploran la cueva
de tan purpúreo lugar.

Quién no estuviera
en la puerta de tu palacio
para abrir tus húmedos labios granas
y adentrarse en sus profundidades,

escalar verticales y profundas paredes
y rozar las estalactitas del amor
tras un clímax con acelerados pálpitos
y donde la locura todo lo puede.

Manos que sobre mi cara pones
dedos auscultando entre la saliva,
hacen maravillar el momento
para transformar el viento en brisa.

Hay manos que matan,
pegan y asesinan,
las manos que violan a mujeres,
que hacen enormes salvajadas.

Manos aterradoras
que vencen y traicionan,
que ensucian lo bello
y manchan la blancura de tu piel.

Pero lo mejor que conozco
de unas manos
son lo que escribe un poeta
que empuña la pluma

y que te hace volar
por el lugar de los lagos,
que me hacen sentir un *te quiero*
sobre todo cuanto estoy contigo.

Dulces y agotadas manos
que tienen mucho que ver,
y sería un tonto si no reconociera
que tus manos han tenido

toda la culpa y la responsabilidad
de lo que se hace destino,
manos pausadas y suaves
que dicen todo lo que siento por ti.

DEMOLICIÓN

De todo cuanto dicen
de todo cuanto pregonan
de todo cuanto fluye
de todo cuanto emiten

en esta polvareda de agua
que acontece en los silencios
de unas manos que no aprietan
de grietas sin gestos manifiestos.

Donde los razonamientos volaron
en el escenario natural
con el arcoíris de los lagos
entre colmenares y pilillas.

Y miro a las alturas
para divisar el eclipse
para dejarme caer en el limbo
de esta cicatriz aún sin cerrar.

Cansado por las tropelías
de los pensamientos que lastiman
a los seres que me empujan
al infierno de la belleza.

Y me tapo los oídos
para nos escuchar reproches
de todo cuanto hago
de todo cuanto escribo.

Buscando una palabra perdida
entre los renglones torcidos
que marcan el devenir
de este tembloroso pulso.

Pero busco un salvavidas de palabras
para asirme a los signos
abrazarme a las interrogaciones
y así tapar todas las repuestas

que no soy capaz
de meditar al momento
a las que ni respondo ni reacciono
perdido en esta lúgubre soledad.

RENACIMIENTO

Entre murallas camino
por las angostas plazas,
arrugadas por el tiempo
de paseantes y sus besos.

De las tardes otoñales
donde la levedad de la brisa
me lleva al dulce perfume
que por las esquinas se esconde.

Formar parte del vetusto edén
de las flores eternas
de pétalos perennes
donde el tiempo es un aliado.

Por aquí y por allí
bajo escaleras y subo peldaños,
me siento Alatriste
con capa y espada,

defendiendo tu honor
de ofensas y cuchillos,
de sentencias e insultos,
porque te siento cercana.

Y arrío mi espada
para defender tu presencia
de cuantos males te ataquen
en las noches malditas.

Rápido y sin rodeos vamos
para encontrar refugio
en la techumbre empedrada
envueltos en mi capa caída.

Columnas de piedras preciosas
adornan los regios espacios
de los históricos lugares
donde el amor se refugia.

VEREDAS

Otra vereda más
otro chasquido de cadena
otra piedra que burlar
de otra cuesta más.

Más esfuerzo
más sudor por la frente
busca la mejilla
donde discurrir.

Dilapidar las pocas energías
para que el agotamiento
encuentre un final de etapa
en la utopía del nunca llegar.

Descargo el cansancio en la fuente
donde se secan los deseos
donde las gotas de sudor
encuentran su refugio.

Y de nuevo otra mirada
perdida en el horizonte
buscando un lugar donde llegar
un lugar perdido en la nada.

Por esas pequeñas cosas
busco veredas
por el día y en la noche
entre la constancia y el tesón.

Y así voy a seguir
para vivir el momento
de otro recorrido aventurero
de otro caminante viajero.

EL VERSO QUE VUELA

Cojo al verso como oficio
me acerco entre sigilos
tanteo palabras
y encuentro silencio.

Las ideas fluyen
en todo momento
aquí con vosotros
en este mágico edén.

Donde los sueños de ángel
se hacen presentes
y se toca la fantasía
que vuela con alas de papel.

Me desquito de todo
cuanto me sobra
y arribo los archipiélagos
para decirte lo soñado.

Donde se enriquece la cultura
que tanto nos falta
y se despiertan verdades
que tanto molestan y curan.

Y quiero que conozcas en silencio
lo que siento cuando te miro
lo que pienso cuando no estás
lo que noto cuando te acaricio.

La orquesta afina los versos
a la espera de que un golpe de batuta
haga sonar y con ello vibrar
los abrazos de bellos momentos.

Prométeme el primer baile de la noche
de sílabas enlazadas
apretadas fuertemente
que viajan sin destino hasta el escarche.

Deseo que este verso vuele alto
con la sensualidad por bandera
para posarme junto a ti
en esta suave y dulce ribera.

APLAUSO

No aplaudan a nadie,
no aplaudan la soledad,
no aplaudan la pesadilla
en las tinieblas de la noche.

No aplaudan la codicia,
los sueños incumplidos,
la manipulación ni la inconsciencia,
los mensajes sin razón.

Sí, por favor, no aplaudan
la tiranía de los salvadores,
la inmundicia del maltrato,
las lágrimas de un niño,

ni tampoco la soledad obligada;
no, no aplaudan las patadas
de los que van uniformados,
ni los rebaños camino del matadero.

No aplaudan las cartas sin letra,
no aplaudan el final del camino
y no aplaudan, por favor,
no aplaudan a los soñadores.

No aplaudan al poema
porque sus versos
no quieren aplausos
ni signos de admiración.

Porque el verso es para sentirlo
solo en silencio y con reflexión
hecha profundas raíces,
y, por favor, no aplaudan al poeta.

OTRO CAFÉ

Me encandila la fusión
de un café a media tarde,
las dos colaboraciones,
cucharilla en el viejo vaso.

No parar de girar en círculo
en una turbulencia continua
con el empeño que transmite,
y te siento cucharilla,

sobre la misma taza blanca
que hirviendo se muestra
abrasiva y contundente,
que caldee esta fría tarde.

Y giro una y otra vez
y volteo el oleaje circular
provocando ondas circundantes
que se baten sobre el cristal,

como dos sienes encontradas
que buscan el abrigo compartido
de dos materias tan distintas
y que unidas luchan

contra los adversos fríos
que embaucan y trastornan,
las oscuras y largas tardes
de otro triste invierno.

SONETO AL AIRE

Con los dedos de una mano
no abarco los lagos,
no mantengo el aire para volar
ni el silencio del horizonte.

Con las dos alas multicolor
surco los eternos cielos
entre la multitud de ojos
que desde el mirador observan.

El privilegio del viento,
la pureza de la brisa
que se desliza entre susurros

me traslada toda la magia
que la realidad me niega
en la ventura de un nuevo día.

NO CALLAR

¿Qué os pasa ahora?
¿Quién os mandó callar?
¡Dejad de balar en corral!
¡Dejad de comer en los pesebres!

Que para eso no habéis sido hechos.
Que al agachar la cabeza
se lastima vuestra médula.
Que por ir de rodillas

los sesos están más cerca del suelo.
No saludéis a ningún rey,
porque no será merecedor.
Enciende tu llama,

mira hacia dentro,
marca tu ruta y comienza a andar,
porque el tiempo que llega
muy pronto se irá.

EL GALILEO

Sabréis que el tal Jesucristo,
al que le tocan el himno español,
se dice que nació en el Oriente
pero campa por las calles de España.

Existen otros seres malditos
a los que llamamos emigrantes
que no tienen papeles,
que huyen de los estallidos

de nuestras bombas europeas.
Aquí mendigan por un trozo de pan,
buscan esquinas para trabajar
encontrando solo rechazo y maldad.

A estos que vienen de cualquier forma,
a quienes nuestras policías persiguen,
a quienes nuestros jueces expulsan
de vuelta a la muerte y a la agonía.

Al galileo lo recibimos con las palmas,
lo procesionamos y adoramos,
a los otros a veces la Cruz Roja
y otras los civiles a balazos.

TRIANO

Y suena la oquedad de la guitarra,
el acorde se hace misterio,
la luz de la vela
intimida el momento,

las cuerdas se dejan acariciar
en la oscuridad ambiental,
el espíritu de Jesús de la Rosa
lo inunda todo.

El patio se vuelve plaza,
gemidos de frescos vientos
renuevan las viejas alcobas,
algo nuevo va a comenzar,

porque el color se hacer calor
y el calor se vuelve aventura
para dar la bienvenida
a nuevas noches de amor.

Con días de sueños infinitos
donde la monotonía rompe fronteras
de lugares para ti y para mí
donde emerjan las flores,

donde nacen los sueños,
donde se encuentran los cielos,
donde las estrellas se buscan
y se funden abrazadas.

Quiero que todas las puertas se abran
y que las ventanas tableteen sus cristales
porque todo tiene el perfume
en la fuente del amor,

brotan más melodías de ensueño
de los virtuosos dedos
que acarician el rompedor piano
a veces flamenco, a veces rockero.

Danzad y más danzad
porque la vida no tiene final
y así vivid el clímax musical
de Jesús el de la Rosa.

INVERNAL

Era tarde de invierno,
la lluvia hacía una enorme cortina,
un café, compañero perfecto,
cuando escribo en silencio,

palabras heladas
que brotan y salpican
del manantial de las letras,
evitando obstáculos y conciencias,

irrumpiendo sobre enormes piedras,
como un susurro en los oídos,
como un beso en los labios,

como un abrazo del alma,
como una sonrisa sincera,
que aguarda tranquila y serena.

UNA NOCHE EN EL ARRABAL

Con el bullicio de fondo
y entre estelas luminosas de contraste
se manifiestan e imponen su fuerza
las luces de neón.

El brillar de las baldosas,
el chicheado de zapatillas gastadas
sirven el laberinto nocturno
delatando a las gentes cuando pasan.

Las reflexiones se encuentran
con los taciturnos de taberna
donde se lamen sus heridas
de lo que sí fue y no debió ser.

Aunque la impedancia nocturna
alumbre los silencios
los mensajes terminan
en un lugar de ninguna parte.

Entre miradas sin fijeza
cuántas palabras se dicen,
que nunca se sabrá
lo que allí se redime.

Solo la sirena de la policía
distrae algo la confusión,
lo incierto y la verdad
de la mano caminan.

Porque las horas pasan
y los minutos no cuentan
entre los razonamientos opuestos
de nulos e inciertos momentos.

JUEGOS DE GUERRA

Los días pasan sin pasar nada,
eso es al menos lo que parece,
y no es lo que tristemente acontece,
por lo que los miedos mandan.

Los asesinos de la guerra
siguen asesinando,
con bombas modernas,
con armamento clásico.

¡Qué más da!
¡Qué importa!
Que vivan en la Casa Blanca,
que vivan en el Kremlin.

Desde la Moncloa solo sumisión,
su inquilino llamando a consulta,
un poco de palabras vacías,
y nada más, pero el pañal manchado.

Los asesinos de América
han sembrado de ausencias,
a nadie importa el sufrimiento,
a mis paisanos tampoco.

No sabe de la sangre
del joven que llora,
la madre no se mueve,
sus hermanos en el suelo yacen.

La abuela gime en silencio,
a su gente han matado,
las fuerzas le faltan,
las ganas de vivir también.

Entre rescoldos y humos
los cadáveres no hablan,
la lágrima transparente y seca
de un niño muerto en el suelo.

Hoy han muerto más ángeles,
madres que ya no tienen hijos,
hijos que no tienen madres,
padres que ni una ni otra.

¿Has visto a mi hijo, el rubio?
¡Bajo el escombro hay una niña!
La cara destrozada, y sin una pierna,
trozos de ropa tapan una cabeza.

Lo que más humea es sangre inocente,
gritos en forma de aullido
lloran la muerte incesante
de más corazoncitos que no laten.

Otro pequeño cuerpo inerte,
más carne quemada por el fuego,
cuerpecitos sin huesos ni consistencia
se disgregan entre libretas y lapiceros.

Una maestra sin alumnos queda,
unos yacen muertos, al resto no los ve,
sangre y lloros se mezclan
como pócima maldita.

De toda esta catarsis de miedo infernal
un bombardero contento se aleja
diciendo a su presidente:
¡Misión cumplida!
¡Célula yihadista desarticulada!

Y de nuevo otro telediario, sin imágenes, esta vez:
¡Sus señorías, los que pregonan
la lucha por la libertad,
los derechos y la democracia

desde sus púlpitos y el palacio real,
en donde nunca debieron estar!

LA CALLE

Sonrisas dulces,
sentir la palabra,
ver las hojas secas
formar una alfombra.

La puerta abierta de un colegio,
un hombre gordo
pisando baldosas
que al médico obedece.

El senegalés del semáforo
con pañuelos de papel,
vestido de grana
en un falso paraíso,

saludos y más saludos,
y de respuestas un no,
y otro no, y más no,
pero ahí sigue.

El perro perdido,
buscando a su amo
nervioso y esquivo
desoyendo caricias.

Y al final de la calle,
la oscura taberna
donde encuentran refugio
la cizaña y el orgullo.

Donde hablan las banderas
y la saliva se amortaja,
donde se hace el silencio
cuando el jundunar pasa.

Otro peregrino
que a mi lado camina
me dice en voz baja
que apresure mi paso,

que enderece el camino
porque en acera estrecha
no hay espacio
para gentes con alma y destino.

ROCK INFERNAL

Dime dónde está el infierno,
dime por qué sufro en silencio
las ausencias de los sueños,
lo incierto del momento.

Dime por qué vuelo sin control
por los planetas sin viajeros
para llegar hasta el sol,
así huir y escapar del agujero.

Dime a qué huele el estiércol
en la ruta de los excrementos
que han dejado a mi paso
montones de resinas y sedimentos.

Dime cómo salgo del silencio
de los ruidos y el tormento
cuando grito en el trapecio
entre burlas y desprecios.

Dime si la victoria está cercana
cuando abrazo la guitarra
para romper lo que la ira encierra
y que la noche nunca sea mañana.

Dime si los latidos de la tormenta
con el viento de poniente
las ramas de los árboles aplastarán
y las piedras del suelo bailarán.

Dime sin con tanta sepultura
las malditas plagas volverán
maldiciendo a los dioses del Olimpo
despojándolos de lujos y armaduras.

Dime si los esclavos del poder
lucharán para sobrevivir por la libertad
rompiendo los eslabones y no perecer
en el profundo pozo de la oscuridad.

Dime si una sola voz es capaz de gritar,
si un puño atraviesa el muro de la resistencia,
cabalgando juntos hacia la disidencia
muchas voces pueden a los dioses expulsar.

Dime si la techumbre se nos cae encima,
para no salir hacia delante,
vencer el miedo de volver atrás
y no ser rescoldo del fuego
que todo lo quema.

NAVEGANTES

Cuando llegan errantes, entre bocanadas de agua,
el desaliento no tiene espacio ni momento,
las penurias y extrañezas de otro tiempo
apoderan los pensamientos vividos en el pasado.

Los recuerdos colman de fuerza el presente,
cogen fuerza, como un manantial de montaña,
capaces de romper parte a parte la piedra
y agrietar desde la profundidad de los abismos.

Hay que levantar anclas y bordear la costa
para encontrar un sitio y abrir paso
hasta hallar la playa soñada de los atardeceres
y dejar que la noche prepare la nueva aventura.

De nuevo el cansancio se abre paso en la oscuridad,
el galeón responde con crujidos de madera
como quejándose y susurrando otra paz
que en parte remedie pasadas nostalgias.

Al aflorar la noche sirenas de dulces miradas
giran alrededor de la nave, bailan valses,
saliendo y sumergiendo sus esbeltos cuerpos
como quitando tristezas a severos derrotados.

Hasta aquí he llegado, como un excomulgado
buscando remedios oníricos, para otro dios
que sentado en su poltrona de impotencia
me hizo embarcar para encontrar lo no que existe.

Buscar lo que todo el mundo ansía,
para poner a salvo sus conciencias y pesares
a base de idear remedios e insatisfacciones
que ni merecen ni tan siquiera son de premiar.

Y aunque los cañones apuntan a la costa
el acantilado se muere de risa
con carcajadas que traspasan los confines
en una orquesta de silbatos sostenidos,

mezclados con tenebrosas tempestades
que envueltas en el crujir de torbellinos
muestran nuevos desafíos a marineros sin destino
que a bordo navegan por los siniestros mares,

con búsquedas de unicornios que capaciten,
que impidan que el amor no pase de puntillas
por la puerta de la casa de prepotentes insaciables
que son inmunes e insensibles al dolor de la derrota.

PENSIONISTA

Era un niño, solo un niño,
no tuvo tiempo para jugar
le faltó una escuela para formarse,
solo le enseñaron a sobrevivir,

no tuvo ensayo para el rodaje,
incluso le faltó tiempo para las caricias,
aunque todo el espacio era para jugar
descubrió que el juego se hizo trabajo.

Pasó de ser niño a mayor,
por delante de él sucedieron ciclos
que no pudo vivir ni disfrutar
confuso entre juego y trabajo.

Pero sin quererlo se hizo fuerte,
sin saberlo, pasó a ser bracero,
un niño campesino, que trabaja sin dinero,
desayuno de pan y manzana,

merienda de manzana y pan,
almuerzo y cena sin rechistar,
y así irrumpió en la vida laboral,
mal pagado, mal tratado, peor abusado.

Le enseñaron que con el esfuerzo
no cabía rechistar ni protestar,
la noche y el día, el día y la noche,
de lunes a domingos, de domingos a lunes,

en semanas de más de siete días,
de meses que nunca terminan,
de semestres que nunca empiezan,
de años que pasan, de años que no llegan.

Solo le enseñaron sumisión a los látigos,
la palabra *huelga* no existía en su diccionario,
la palabra *derechos*, una utopía,
el contrato, un sueño imposible.

Empezar y no parar,
no cotizó, no figuró, no constó en archivos,
su centro de trabajo era el universo,
las vacaciones y el relax, inalcanzables.

Sumisión y tedio fue la enseñanza,
su presente, su pasado y hasta futuro
por el campo, entre terrenos y piedras,
por dehesas y solanas,

entre encinares y olivos,
por vegas y montañas,
entre almazaras y alpechín,
trabajo, y más trabajo.

Pero este injusto Estado
dice que no tiene pensión
porque nació en otro tiempo,
porque no debía haber existido
en ese tiempo.

Y aquí, postrado en esta cama,
en esta residencia de ancianos,
donde le distraen y cuidan su higiene,
en el que es solo un viejo, y nada más.

Tras una corta vida,
pero larga a la vez,
está muriendo lentamente
con una limosneada pensión.

Los tipejos que gobiernan,
sí, ellos, a los que hemos elegido,
esa institución que mata y humilla,
que constantemente más le enerva y rebela.

Pero ya, con menos fuerza e impaciencia,
asume esta humillante derrota
en la que los sueños y experiencias
quedan aplastados tras la puerta.

Espero el pitido final para ser combustible
y ser de leña en otro crematorio,
para que las cenizas se esparzan en aire
sin dejar rastro en este mundo tan precario.

NOCHE FRÍA

El frío asola la noche,
la brisa se ha vuelto agreste
y empiezo a sentirme solo
como un barco a la deriva
sin brújula ni timón.

No es buena la soledad
de quien busca el amor perdido,
de quien piensa solo en la felicidad,
que con pasos cortos nacen los olvidos.

Y pregunto al rugir de las olas
por qué rompen su fuerza
estrellándose contra el acantilado
una y otra vez, repitiéndose el ciclo.

Pero las respuestas no llegan
ni cesan los motivos del encuentro,
todo se desliza, con agreste suavidad,
como conteniendo los suspiros que llegan,

tras los sueños de quien busca una corriente
para impulsarse súbitamente de nuevo
en una paradoja de historias
jamás contadas y siempre vividas.

Que han permitido que el tiempo pase
lleno de expectantes pasajes,
de representaciones sin final
en el gran teatro de la vida.

Por los oscuros y tensos momentos
de vivencias expuestas sobre tareas
de una enorme caravana de palabras
bailando al son de jaranas y desvelos.

Dando un nuevo sentido a otra noche,
en otra bienvenida a la luna,
que sin perder distracción observa
desde el enorme cielo estrellado.

Rindiendo homenaje toda la naturaleza
a quienes despejando incógnitas
de todo cuanto en una enigmática noche
se manifiesta en el escenario de los sueños.

ENTRE LAGOS

Hoy no estás aquí,
tu perfume no ha calado
en este volátil momento,
en este soñador lugar.

Falta algo, todo es rareza,
tu aura se suma a mi tristeza,
falta tu presencia,
sobra tu ausencia.

Este lugar es grande
pero ahora está vacío,
me falta tu caricia,
me falta tu aliento,

me falta el momento,
me faltan tus besos,
aquí falta el calor
en este frío invierno.

Un domingo sin tu aliento
es un domingo de sufrimiento,
el frío cala hasta en los huesos
en un constante tableteo de dientes.

Puede que aún quede algo,
es posible que me reclames,
hasta puede que me busques
y no alcanzo a comprender

esta impronta de pasión
en todo este sufrimiento
porque no respondo ahora,
quizás me haya convertido

en una piedra del camino,
en una tortuosa piedra,
en un ser detestable
que huye hacia adelante,

como un insulso cobarde
que ni puede ni sabe,
solo presume de ser un imbécil
en los más tristes momentos,

en los más solos instantes
decir un *te quiero* no sirve de nada,
besar tus labios una utopía
y abrazarte un imposible.

Deseo trepar a tu espalda,
palpar y repetir una sonrisa
cuantas veces sean imaginables
y no parar hasta volverme loco.

Este amor que me condena
a vivir en silencio,
en esta dulce pena
que guardada queda.

Es necesario romper lazos
que condenen desafueros
cuando la calidad del amor
no es puro ni responde clamor.

Me muero de envidia
cuando observo a los enamorados
que se abrazan y se estrechan,
que se arremolinan en silencio.

En esta catástrofe de mentiras y verdades
le hablo a la inmensidad de los lagos
porque en este preciso instante
espacio ni momento compartes.

RESISTENCIA

Resistencia, ante la presión
de feudales con hambre de poder,
que dando la espalda a la realidad
se apropian de lo que no es suyo.

Resistencia, a quien pisa fuerte
haciendo tambalear la dignidad
y los derechos de las gentes
con rastreros abusos de autoridad.

Resistencia, a la política que mata
porque compra armas y tanques
para defenderse como ratas
en un mundo sin gatos.

Resistencia, ante los púlpitos de mi plaza
porque el dios de quien hablan
fue cautivo y asesinado por la realeza
como ahora hacen contra el que protesta.

Resistencia, a la ley y a la norma
que dice que todos y todas
tienen derecho al trabajo
para solo comer pan y cebolla.

Resistencia, a tener que llevar pasaporte
y viajar sin libertad, tener que saltar vallas
que los blancos ponen a los negros
por nos reclaman lo que es suyo.

Resistencia, a condenar a inocentes
por el simple hecho de pensar distinto
y no tragar con piedras de molino
ni comer la bazofia que el sistema ofrece.

Resistencia, a que me cojan del cuello
cuatro cabrones que piensan por mí,
que viven, beben y follan por mí
y luego dicen ser mayoría, ¡los muy capullos!

Resistencia, a que me tomen por tonto,
a que se rían de mí cuando me cabreo,
a que abusen con su asquerosa verborrea
desde sus comodidades en el Parlamento.

Resistencia, a la prohibición de enloquecer.
¡A volverme cuerdo cuando yo quiera!
¡A saltar hasta reventar mi alma por los aires!
Para no dejar rastro de nada cuanto fuera.

TONTEOS

Ponte un tinto pronto,
y no tardes tanto,
porque con tanto tonto
que hace tiempo

solo haciendo el tonto
tanteo el tiempo de *atontao*
que me queda por ver sus tonteos
en Diputación, Parlamento y Ayuntamiento.

Atontolinadas infinitas de tontainas,
porque estoy harto de Ratos,
Marotos, Montoros, Reyes y Moyas
por andar tonteando tanto tiempo.

No cuento tantos momentos,
a los que entre tanto
intento hacer frente con espanto
a nuevos intentos de encanto.

Entretanto me atraganto sin aliento,
con tanto espanto me lamento
de tan tontaina *troupe* de atontaos
de estamentos de los que tanto disiento.

IRA

Cuando los sueños incumplidos
se convierten en derrotas
la luz se vuelve oscuridad,
la tempestad se hace tragedia,

la herida sangra por dentro,
no existen porfías en el mundo
que calmen la voracidad de los truenos
clavando uñas ensangrentadas,

la grosería ataca de frente:
injurias, insultos e improperios
por los odios que no duermen,
ni los olvidos tampoco.

Se van tejiendo rencores escondidos
de esperanzas pasadas
en exasperadas tragedias
que envueltas de ira

nublan la razón y el juicio.
Así liberamos nuestra furia,
empuñando la espada liberadora,
jurando venganza y escarmiento.

MARÍA

Ahí estaba ella,
tan pequeña, tan dulce
con su dulce mirar,
recién nacida.

Era algo especial,
delgada, muy delgadita,
cuando abrí la envoltura
donde se encontraba.

Estaba muerta de frío,
con brazos delgaditos,
con cara delgadita
aquella recién nacida.

Un ser que irrumpió con fuerza,
me miraba y sonreía
cuando le susurraba la pregunta,
fue lo que más me impresionó,

ella me respondió,
con su pelo largo,
con una cara guapísima,
con la sonrisa más dulce

que jamás he visto yo:
«María es mi nombre,
mi madre una gran mujer
y un ser muy especial».

Y yo oculto ahí,
como un pirata al abordaje,
sin que nadie lo advirtiese
ni sospechase mi presencia,

en una irrealidad
entre sueño y despertar.

MINERO

El grito del llanto de una taranta
suena en el quejío de la noche
llamando a tristeza y a dolor
por la muerte de un minero.

Una madre llora en silencio
sin saber qué va a pasar
con el pozo de la mina,
porque al hombre que más quiere

luchando con la barrena
a sus hijos el pan quiere llevar,
tacones y reboleras de una canastera
repican entre las estrellas

y allí arriba en el firmamento
la luna observa en silencio,
la pena y la tristeza
se citan de nuevo.

El patrón de la mina
cuenta el dinero
con su puro humeante,
anota cuántos vagones

no sé van a llenar
por la tragedia de un barrenero
mientras dure el entierro
del hijo de Eulalia.

El pueblo en silencio
gime entre penas
con la cabeza hacia el suelo
y la mente señalando al cielo.

Por las estrellas de la tristeza
va volando en silencio
la barrena haciendo de bandera
otra vagoneta en el vacío.

Mil veces pregunta la madre
dónde está mi hijo,
donde está el ser que más he querido,
porque la suerte de acordó de mí,

en esta noche, en este triste momento.
Ha aprendido el minero
tanto de la muerte
y tan poco de la vida.

KILÓMETRO A KILÓMETRO

Tenía que jugármela,
temía que no pudiese,
formaba parte del imposible
con las limitaciones de gala,

pero no me veía inmóvil,
me veía crecido,
quizás las ilusiones
mermasen las condiciones,

la distancia, kilómetro a kilómetro,
sabía positivamente
que no era una realidad,
que no era viable.

Lo mejor, no fallecer,
pensé aguantar
todo aquel espacio
tan inmenso y pronunciado

de tan profundo esfuerzo,
saber que no poder hacerlo
agravó la insistencia para llegar
cuando la aventura es tocar el cielo.

Pero topando de nuevo con la realidad
la falta de conciencia
jugó contra mi insistencia,
contra mi figurada valentía.

La fantasía y la realidad
pelean y conviven juntas,
unas veces no se respetan
y otras se necesitan.

ALZHEIMER

De todo cuanto he hecho
de todo cuanto he dicho
de todo cuanto he querido
de todo cuanto he mimado

de la luz de tus ojos
jamás me aparté,
de las sombras de días oscuros
siempre pude salir,

aunque malherido y trastocado
saqué siempre ansias de vivir,
porque el cansancio y el agotamiento
a mi lado nunca estaban.

Todo formaba una larga aventura,
estaba aquí, aquí dentro,
en este certero cerebro
que ordenaba todo cuanto pasaba,

las tardes de casa con olor a chocolate,
las largas noches de invierno,
ascuas, carcajadas y cena
en un corro de palabras e historias.

Hablando del primer baile y su falda granate
cuando cogí su mano de nácar brillante
del abrazo entre besos sin sueños
hogar, cama, silencio.

Los ojos pestañeando, para tocar las estrellas,
no perder un momento de amar
para encontrarnos una y mil veces
anclando naves en nuestro puerto de mar.

Y todo transcurría como viaja la vida,
esperando a la puerta cuando salían del colegio,
creciendo con nosotros, entre alegrías y venturas,
queriéndonos tanto, como el aire y la lluvia.

Pero ahora lo he olvidado,
no me reconozco en este momento,
me busco en silencio en un nuevo girar,
no sé a qué estrella mirar.

Reviso todo cuanto me pasa,
agarro sin fuerzas mi mente
y también, por qué no, el desaliento,
nada conozco, todo es extraño,

en este paisaje, con figuras adversas,
todo se vuelve contra mí,
el sentimiento fustiga mi alma,
no ha tenido piedad alguna.

Este episodio de incomprensión,
de pausas contenidas en silencios
que no logro vencer ni dominar,
todo da vueltas sin cesar.

¡Ya no sé quién me abraza,
ni por qué lo hace!
¡Ya no sé quién me habla,
ni lo que me dice!

¡Pero a veces se enciende la luz!
Son ellos y están aquí,
no me encuentro solo, como pensaba,
siento sus caricias.

Me agarro a su mano
como en aquel primer baile
para soltarla en mis adentros
en un mundo de colores
enredados en las yedras del olvido.

NOCHES DE NEÓN

Queda sobre la carretera
el sonido de los coches al pasar,
la tibia luz de las farolas,
luminosos de neón al fondo,

proyectando haces
de baja intensidad
dejándolo todo en penumbras,
pausando aquel último viaje,

recordando el triste tránsito,
en el que me reprochaba
no saber quién soy
ni adecuarme en ningún momento.

Aquel viaje de madrugada,
todo tan nefasto,
todo un conglomerado de pensamientos
que tras una tarde apacible

fueron rompiendo un alma,
mi corazón preso
en un callejón sin salida,
sin acierto ni vuelta atrás.

En el que el poeta quiso
encontrarse a sí mismo
con la literatura
que todo lo aparca.

Esta vez, me veo solo y aislado,
tembloroso y cobarde
por una situación
en la que las reflexiones

no daban lugar absolutamente a nada.
Un conjunto de maleficios
se cebó contra mi persona.
Dicen que los errores se pagan

y queda saldada la deuda,
pero no es así,
los tropiezos se cobran una y mil veces,
y las tristezas surgen de nuevo.

Entre focos que se cruzan,
como sables buscando sangre,
¡me paro, me vuelvo!
No sé qué hacer.

Porque ando perdido.
No hay brújula en el mundo
ni estrella que me guíe,
todas quietas y esperando.

Observando mis dudas,
pendientes de mis flaquezas
revisando todo aquello
que no fui capaz de superar.

No me quedan fuerzas,
sin aliento vivo.
La alegría ha secuestrado
los cimientos de este gigante.

Tiembla la base en descomposición,
el derrumbe está presente,
otra nefasta situación
para volver al pasado

y huir del presente.
No sé cuánto resistir este letargo,
pero los males nunca te perdonan,
jamás me sentí tan culpable,

tan desarraigado, destrozado y humillado,
tan pueril que solo me veo indefenso,
atado a los recuerdos,
presintiendo un trágico final.

Entre tanta imprecisión,
no he de demorar más esta inquina.
¡Ojalá la suerte se acuerde de mí!
para decir adiós a tan desdichada soledad.

BULLAS

Momentos de bullas
sin destino ni final,
tránsito y estruendo
de la mano van.

Pero decido parar,
distraerme con la lentitud
de las manecillas del reloj,
en el que los minutos

parecen no pasar
como el sosiego de una gota
en la formación calcárea
de la estalactita en silencio.

La paciencia se adueña de todo,
calma y perseverancia,
quietud e inmovilismo aparente
emergen sin darnos cuenta.

El tiempo y el espacio
no van con nuestra frecuencia,
aquí el nervio constante
siempre sale derrotado.

Al final el ruido
muta a silencio
como la lluvia de otoño,
como una noche de invierno.

INSENSATO

Parece tonto
siempre hablando a voces,
enroscado en sí mismo,
no saber nada de nadie.

¡Y tener que aguantarlo!
Cansino y temible,
palurdo y listo a la vez,
pero no te deja tranquilo.

Repetitivo y constante,
da miedo hablar de algo,
convencerlo te lleva al cansancio,
del agotamiento al lamento.

Una despedida a la mierda,
es lo más rápido y mejor.
¡Pero no se rinde!
Por mucho que uno quiera.

La bandera blanca saco,
y pido socorro de nuevo
como náufrago en alta mar
para que alguien me escuche.

Quiero abandonar la tertulia
pero el tonto no cesa,
tan pronto te ruega,
después te insulta y difama.

Y aquí sigo sufriendo en silencio,
mordiéndome los labios,
el lagrimar aguanta tenso
para evitar riadas de llanto.

¡Desesperado y perdido!
Busco angustiado una tabla,
que me salve y libere pronto
de este incordio de tonto.

RASTRO DE PASOS

Hoy he vuelto a encontrarte
donde el viento disfruta
despeinándote una vez más,
haciendo bailar tus pestañas.

Hoy he vuelto a encontrarte
en este nuevo atardecer,
hundiéndome en el arenal,
dejando un rastro de pasos.

Que nadie sabrá de su autor,
que no sea yo y mi libreta.
Seguro que he dejado preguntas,
a otros andarines pensando.

Si son de un caminante alegre
con ganas de disfrutar el presente
o de un errado o agónico poeta
que vuelve a derramar sus lágrimas.

En un frenesí de oleajes rulados
que expectantes desean ser parte
del imponente espacio escénico,
y el mar como telón de fondo.

Me agarro a mi vieja chaqueta
como si quisiera elevarme,
para volar como una gaviota,
de costa a costa y sin rumbo.

HOJARASCA

Laguna de hojas
donde sueña la vida
un espacio tranquilo
de dicha soñada.

Un descanso buscado
sin mapa ni brújula.
Lejano y altivo
entre bosques de pinos.

Salir de penumbras
donde abrir las ventanas
para ver nuevos ojos
que tapados estuvieron

por culpa de todo,
de días de lluvia
que nunca han mojado
estanques perdidos,

de soles ocultos
que buscan el poniente
para despedirse bonito
por las lomas despacio.

Índice

Este libro se terminó de editar en Granada
en septiembre de 2025 por

Aliarediciones

www.aliarediciones.es
info@aliarediciones.es